KB230681

The Weight of Your Words

허를 다스리는 지혜

지은이 죠셉 M. 스토웰 · 역자 이지영 · 펴낸이 이재숭 · 펴낸곳 하늘기획 · 등록번호 제6-0634호 · 주소 서울특별시 동대문구 청량리1동 45-8호 · 총판 하늘유통 · 전화번호 031-947-7777 · 팩시밀리 031-947-9753 · I S B N 978-89-759-6101-4 · 초판발행 2009년 7월 30일

혀를 다스리는 지혜

죠셉 M. 스토웰 지음 | 이지영 옮김

들어가는 말

"소문은 믿을 것이 못 된다"는 말을 들어본 적이 있을 것이다. 여러분도 그렇게 믿고 있을 것이다. 텔레비전의 수많은 채널을 돌리면서 접하게 되는 여러 토크쇼나 라디오 프로그램의 말들이 과연 얼마나 신빙성이 있을지는 알 수 없다. 그 프로그램들에서 나오는 대부분의 말은 웃고 떠드는 오락성의 말이기에 별로 가치가 없다는 생각이 든다.

하지만 최근에 미국의 제니 존스 쇼에서 벌어진 일은 아무리 농담이라 해도 말이란 결코 가볍게 여겨서는 안 됨을 우리에게 보여주고 있다. 그 내용은 이렇다. 그 쇼 프로그램에 초대 받은 손님 중 한 사람이 방송 중 공개적으로 무안을 당하였다. 프로그램 녹화가 끝나자 그 손님은 밖으로 나가서 자신에게 무안을 준 사람을 그 자리에서 살해하고 말았다. 말이 별 것 아닐 수도 있지만, 우리의 말은 강한 영향력을 행사할 수 있다. 물론 말은 그저 말에 불과할 수도 있다. 하지만 그 말이 우리의 생각에 엄청난 영향을 줄 수 있다는 것이다.

이 책은 원래 동일한 제목으로 1994년도에 출판되었다. 그 때에 나는 우리의 말이 교회 내에서 그리스도의 사역을 훼손시키고, 가정이나 시장에서 파괴적인 영향을 끼치고 있는 방식에 대해 관심을 가지고 있었다. 나는 그 책을 통해 우리 입술의 범죄에 대해 설명하려고 했다.

그렇지만 그 내용을 갱신하고 자료를 추가하면서, 나는 이 문제가 지난 십여 년 동안 문화적으로 더욱 심각해졌음을 발견하게 되었다. 지금 그 어느 때보다, 우리 기독교인들은 자신의 말의 잠재적인 영향력에 대해 깊이 생각하고, 다른 이들에게 어떻게 긍정적으로 말할 것인가에 대해 모범적인 사례를 준비해야 할 필요가 있다.

아까 말한 토크쇼의 일은 빙산의 일각에 불과하다. 하지만 토크쇼들은 여전히 입술의 범죄가 저질러지는 대표적 경기장이다. 어떤 프로그램은 가장 음란하고 이상한 주제들을 가지고 시청자들의 저급한 본능을 자극하고 있다. 또 다른 프로그램들, 심지어 평판이 좋다는 프로그램들조차도 사람들이 원하든 원치 않든 간에 그들의 일상을 적나라하게 취재하여 방송하고 있다. 그럼에도 불구하고 시청자들은 그들이 보고 들은 것이 사실이라고 생각하게 된다.

또한 최근에 스포츠 계에 종종 일어나는 "상대방 모욕"에 대해서 생각해보자. 전 세계적으로 유명한 정상급 선수들 가운데 일부는 자신이 최고의 선수임을 사람들이 알아주기를 원한다. 그래서 그들은 자신의 적수들을 향해 혹평을 서슴지 않는다. 그러면 어리고 감수성이 예민한 아이들(그리 어리지 않은 어른들도)은 이러한 선수를 자신의 영웅으로 떠받든다. 비록 누가 더 뛰어난 기량과 힘을 가지고 있는지 알 수는 없지만, 그들은 상대방을 깔보고 모욕함으로서 자신이 더욱 대단하다고 떠벌릴 수 있기 때문이다. 하지만 이런 말은 너무도 자연스럽게 우리 주변에서 들을 수 있다. 운동장을 지나다 보면 어른이나 심지어 어린 아이들도 자기 자신을 자랑하며 상대방을 욕하고 무시하면서 사람들로 하여금 자기 자신에게 관심을 갖게 만들고 있다.

또한 점점 더 널리 확산되고 있는 문제는 "교통체증으로 인한 운전자들의 짜증스런 말"이다. 갈수록 많은 운전자들이 주변에 함께 운전하는 사람들에게 화를 내고 있으며, 때로는 심한 욕설을 하기도 한다. 그로 인해 큰 싸움이 일어나서 서로 때리고 심지어 살인이 일어나는 경우도 있다. 이 모든 것이 말로 인해 생기는 일이다.

이처럼 험악한 언어폭력의 힘을 우리는 주변에서 종종 경험한다. 더 중요한 것은 자신도 모르게 이러한 말로 소중한 사람들에게 상처를 주고 있으며, 일상생활에서 만나는 모든 사람들에게 영향을 주고 있다는 것이다. 그리스도께 헌신된 제자라면 험담이나 비방, 거짓말, 교만한 자랑과 같은 말들을 구별하고 올바로 사용할 수 있어야 한다. 왜냐하면 하나님께서는 우리의 말을 통해 사람들을 돕고 치유하려고 계획하셨기 때문이다. 사단은 이러한 변화를 방해함으로 삶의 모든 영역에서 우리가 승리하지 못하도록 하고 있다. 여름철 장마에 불어난 격노의 강물은 지나가는 길목의 모든 것을 파괴하고 쓸어버린다. 하지만 만일 그 강물을 방앗간을 돌리거나 전기를 생산하는 쪽으로 변용할 수만 있다면, 같은 힘이라도 유익하고 바람직하게 사용할 수 있을 것이다. 우리의 말에서 생겨난 힘은 다른 사람들에게 따뜻한 선물이 될 수 있다. 하지만 우리가 말의 힘을 변화시키는 방법을 배우지 못한다면, 그 충격은 상대방을 감정적으로 크게 상처받게 만들 것이다.

이번 개정판은 책의 초판보다 약간 달라졌다. 요즘의 상황과 맞지 않는 예화를 시대에 맞게 바꾸어 보았다. 150명의 회사 임원들에게 신입사원을 뽑을 때 가장 중요하게 생각하는 자질이 무엇인지를 설문한 적이 있다. 1990년도에 가장 바람직한 자질은 언어 실력이었다. 그만큼 말이 중요하다고 생각했던 것이다. 그런데 1997년에도 똑같은 질문을 했더니 생각의 변화가 크게 바뀐 것을 볼 수 있었다. 언어 실력은 3위로 떨어졌다. 열정이 2위를 차지하였고, 가장 바람직한 자질은 정직과 성실이었다. 이는 당신이 말을 얼마나 잘하느냐 보다 당신의 말이 얼마나 믿음직스러운가가 중요하다는 것이다. 이러한 설문 조사는 요즘 면접관들이 심사를 할 때 신입 지원자들의 성격과 성실성을 살피는데 주목한다는 것을 알려준다.

야고보는 이렇게 말했다. "우리는 모두 실수하는 일이 많습니다. 말에 실수가 없는 사람은 온몸을 잘 다스릴 수 있는 완전한 사람입니다 (3:2)." 이것이 바로 내가 오래도록 말씀을 묵상하며 이 책을 쓴 목적이다. 어쩌면 당신은 이미 야고보의 말씀에 다다랐을지도 모른다. 하지만 그렇지 않다면, 이 책이 당신이 가야 할 길을 제대로 가도록 안내하고 도와줄 수 있기를 바란다.

CONTENTS

A WORD'S WORTH

제1장

말의 영향력

말이란 어마어마한 영향력을
가지고 있다.
신체적 상처는 흉터를 남길 뿐
반드시 치유된다.
하지만 말로 받은 상처는 계속
고통을 주며 시달리게 만든다.

혀가 가진 위험스런 문제

얼마 전 교통사고를 당한 사람들이 보험 회사에 보상금을 청구하면서 작성한 내용들을 살펴볼 수 있는 기회가 있었다. 그 가운데서 가장 눈에 띄는 몇 가지를 소개해 본다.

- "나는 장모님을 잠시 힐끗 바라보며 차를 길가로 붙였는데, 그 순간 둑을 들이 받고 말았어요."
- "보행자가 갑자기 도로로 뛰어드는 바람에 어쩔 수 없이 그 사람을 치고 말았죠."

- "글쎄 그 사람이 길 한복판에 서 있지 뭡니까! 저는 그를 피하려고 애썼지만 옆 차선의 트럭 때문에 그럴 수가 없었어요."
- "전신주가 너무 빨리 다가 오는 거예요. 저는 충돌을 피하기 위해 급히 핸들을 꺾었죠."
- "집으로 오는 길에, 실수로 다른 집에 차를 몰고 들어갔어요. 당황한 저는 다시 나오다가 그만 그 집의 나무 한 그루를 들이 받았죠."

말하기는 무척이나 쉽지만, 때때로 우리는 말하려고 한 내용과 함께 문제될 만한 것들을 같이 말해 버리는 경우가 있다. 대화란 우리가 어떻게 느끼고 무엇을 생각하는지 표현하는 과정이다. 표정이나 감정이 실린 몸짓 같은 비언어적 대화를 통해 거의 모든 의사가 전달된다.

그럼에도 불구하고 우리에게 문제를 일으키는 것은 대부분 말을 통한 대화에서 비롯된다. 말은 적절하게 사용할 때, 남을 치유하고 격려하며 도와주고 가르치는 능력이 되지만, 다른 한편으로는 혼란과 황당함과 상처를 줄 수도 있다.

말이 가지고 있는 파괴적 잠재성을 한 남자의 증언을 통해 들어보자.

고등학교 시절 제가 다니던 학교에서는 매년 오페라를 발표하는 행사가 있었습니다. 그때마다 재능 있는 학생들이 앞 다투어 여러 부문에 지

원했지만 저는 특별한 재능이 없었기에 오페라 무대에서 노래하는 것이 제게 어울리지 않는다고 생각했었습니다.

그런데 어느 날 음악을 가르치시던 월슨 선생님께서 흑인 하인 역할을 해 보지 않겠냐고 물으신 것입니다. 그리 탐나는 역할은 아니었지만 세 곡을 독창하는 비중 있는 역할이었습니다.

저는 오디션에서 그저 평범한 실력을 보였지만 월슨 선생님은 마치 천사의 노래를 들은 것 마냥 감탄하셨습니다. "오! 정말로 훌륭해, 완벽했어. 너에게 그 역할이 적격이라 생각되는데 할 수 있겠지?" 저는 선생님의 말씀에 힘을 얻어 그 역할을 맡게 되었습니다.

결국 오페라는 성공적으로 막을 내렸고 그 다음 해에도 오페라를 준비하는 시기가 다가왔습니다. 그런데 작년에 주연을 맡았던 대부분의 학생들은 이미 졸업을 했고 월슨 선생님도 다른 학교로 전근을 가신 상태였습니다. 그 대신 뛰어난 목소리와 음악적 이론을 겸비하신 선생님이 새로 오셨습니다.

새로운 오페라를 위한 예비 심사가 시작되었고, 무려 150여 명의 경쟁자들이 줄 서 있었지만, 저는 오페라에 꼭 필요한 재능을 가졌다고 자신했기에 충분히 선발되리라는 자신감에 차 있었습니다.

그러나 그 날 제가 들은 말은 평생토록 잊지 못할 끔찍한 말이었습니다. 제 노래를 다 들어본 선생님은 "누가 너보고 노래에 소질이 있다고 하더냐?"라고 물으신 것입니다.

그 순간 저는 일 년 전의 나약한 소년으로 되돌아갔고 자신감을 완전히 잃어버리고 말았습니다. 그 거친 말은 꿈 많은 한 소년을 파괴시키기에 충분했습니다. 저는 그 여섯 마디의 말을 들은 이후, 약혼녀의 설득으로 다시 노래하게 되기까지 8년이란 세월이 걸렸습니다.

아마 당신도 위와 같이 긍정적이든 부정적이든 몇 마디의 말에 큰 영향을 입었던 경험이 있을 것이다. 이처럼 말이란 어마어마한 영향력을 가지고 있다. "몽둥이와 돌덩이로 나의 뼈를 부러뜨릴 수는 있어도, 그런 악한 말로 상처받을 내가 아니다"(Names will never hurt me)라는 격언이 있다. 이 말은 격한 감정을 일으킨 상대방에게 주로 하는 말인데, 최근 연구 결과에 따르면 이 말이 사실과는 다르다고 한다. 성인을 대상으로 한 설문 조사에서 사람들은 어린 시절의 신체적 고통을 대부분 잊어버렸다고 답변했다. 그러나 많은 이들이 상처가 되는 말이나 악담, 저주 등으로 인한 정신적 고통은 아직도 치유되지 않고 남아있다고 답했다. 신체적 상처는 흉터를 남길 뿐 반드시 치유된다. 하지만 말로 받은 상처는 계속 고통을 주며 우리의 생각을 나약하게 만들어서 다른 말에도 쉽게 상처 받게 만든다.

드문 일이지만, 욥이 받은 육체적, 정신적 모든 고통은 그의 친구늘이 찔러대는 말에 의해 한층 더 깊어졌다. 욥은 그들 가운데 한 친구에게 이렇게 항의했다. "너희가 내 마음을 번뇌케 하며 꺾기를 어느 때까지

하겠느냐”_(욥 19:2).

우리는 우리가 하는 말이 다른 사람들에게 충격을 줄 수 있음을 항상 인식해야만 한다. 왜냐하면 우리의 자녀나, 배우자, 친구, 이웃, 그리고 사업상으로 만나는 모든 이들이 그 대상이 될 수 있기 때문이다. 하나님은 “모든 무익한 말”에 대한 책임을 우리에게 묻겠다고 하셨다_(마 12:36-37). 그럼에도 불구하고 우리의 입에서 나오는 말을 조절하는 일이란 여간 어려운 일이 아니다.

그 이유 가운데 하나는, 매일 겪는 스트레스가 우리의 말을 거칠게 만든다는 점이다. 그래서 우리는 생각지도 못했던 말을 순식간에 내뱉어 버리곤 한다. 또한 우리는 일상생활 속에서 부정적인 이야기를 쉽게 접하게 된다. 화가 난 사장이 내뱉는 욕지거리, 텔레비전 쇼프로의 유치하고도 저속한 말, 그리고 이웃으로부터 듣는 빈정대는 말, 또 기독교인들 중에 남의 소문을 함부로 늘어놓는 말 등, 우리 주변에는 대화를 혼탁하게 만드는 좋지 못한 요인들이 가득하다. 문제는 이러한 언어적 습관은 매우 전염성이 높다는 것이다. 불행하게도 우리의 혀는 종종 들은 내용을 그대로 모방하는 경향이 있으며, 유감스럽지만 그 파괴적인 말은 상대방이 그 말을 어떻게 받아들일지를 생각하기도 전에 튀어나오곤 한다.

무심코 내뱉은 말이든, 부주의로 인한 실언이든, 주변 환경의 영향으로 나온 말이든 간에 부적절한 말은 항상 파괴적인 결과를 초래한다. 이처럼 혀를 가지고 있다는 것은 우리의 입 안에 다이너마이트를 지니고 있는 것과 같기 때문에, 우리는 이 문제를 반드시 심사숙고해야 할 필요가 있다. 우리의 말은 삶의 세 가지 차원 즉, 하나님과의 관계, 우리가 가장 아끼는 사람과의 관계 그리고, 심지어는 자기 자신과의 관계에까지 파괴적인 영향을 끼친다.

하나님의 말씀은 우리의 혀를 변화시키는 일이 얼마나 힘든 것인가를 잘 보여 주고 있다. 야고보는 "혀를 능히 길들일 사람이 없다"고 기록하였다(약 3:8). 이 말씀은 혀에 대한 절망감을 나타내거나 계속적인 실패를 정당화하려는 것이 아니라, 우리 스스로 고치려는 노력이 소용없음을 알게 해주려는 뜻이 담겨 있다. 설상가상으로 우리는 우리의 악한 말이 "지옥 불에서 나왔음"을 읽게 된다(6절). 그럼에도 불구하고 우리의 혀가 지옥 불에서 건설적인 대화의 도구로 바뀌게 된다면, 이는 자신이 하는 것이 아니라 성령의 도우심임을 알게 될 것이다. 왜냐하면 이러한 '혀의 경기장'에서 하는 싸움은 혈과 육에 대한 것이 아니라, 사단의 조직화된 세력과 싸우는 것이기 때문이다(엡 6:12).

그러므로 우리의 혀를 변화시키기 위해서는 영적인 힘이 필요하다. 언어생활에서 승리하기 위해서 우리는 "주 안에서와 그 힘의 능력으로 강건해지는" 영적 무기를 취해야 한다(10절). 주 안에서 강건해지는 일은 신비적이거나 어떤 마술을 부리는 과정이 필요한 것이 아니라 우리에게 유용한 몇 가지 견고한 재원을 소유하는 데 있다. 사도 바울은 이러한 재원을 가리켜 "하나님의 전신갑주"라고 하였다(14-17절). 전신갑주의 첫 번째 부분은 진리이다. 성경은 하나님의 진리가 우리의 영적인 힘과 성장의 근원이라고 가르치고 있다(마 4:4; 벧전 2:2). 우리가 하나님의 말씀을 깨닫고 익혀 나갈 때, 내주하시는 성령님은 그 진리를 통해 우리의 혀를 영적으로 승리할 수 있는 도구로 변화시켜 주실 것이다.

하나님은 혀에 대한 풍성한 진리의 말씀으로 우리를 축복하셨다. 우리가 그 진리의 말씀에 반응할 때, 그 말씀은 우리에게 경고하며, 깨달음과 변화를 줄 것이다. 혀와 관련된 진리 중 가장 교훈적인 부분의 하나가 야고보서 3장이다. 이 본문은 우리의 말이 얼마나 중요한지를 깨닫게 하는 다섯 가지 원리를 보여주고 있다.

원리 1. 잘 다스려진 말은 영적 성숙의 척도

"우리가 다 실수가 많으니 만일 말에 실수가 없는 자면 곧 온전한 사람이라 능히 온 몸도 굴레 씌우리라 "(약 3:2).

'실수하다'(stumble)라는 단어는 '걸려 넘어지다' 또는 '헛디디다' 라는 뜻이다. 발이 실수를 하면 온 몸이 땅바닥에 고꾸라지게 되고, 혀가 실수를 하면 큰 봉변을 당하게 된다. 작은 실수일지라도 큰 상처를 입을 수 있다. 우리 집에는 패딩톤이란 양치기 개가 있는데, 그 녀석이 강아지 시절에는 길을 걸을 때마다 자주 걸려 넘어지곤 했다. 그 서투른 실수는 그 개가 아직 성숙치 못하다는 것을 반영하는 것이다. 마찬가지로 말에 실수가 많다는 것은 그가 아직 영적으로 성숙치 못하다는 것을 나타내는 것이다. 불행하게도 우리는 말실수를 통해 자신을 넘어지게 할 뿐만 아니라 다른 이들도 실족하게 만드는 경우가 있다.

우리 가운데에는 주변에 불경건한 말을 습관적으로 하는 사람들이 있기에 잘못된 언어를 사용하는 것이 오히려 편하다고 느끼는 사람이 있을 것이다. 또한 평범한 기독교인이라면 누구나 말실수로 인해 다른 성도들을 넘어뜨린 경험이 있을 것이다. 결국 모든 사람이 말실수를 하고 있는 셈이다. 하지만 그렇다고 하여 우리의 영적인 성숙도를 주변 사람의 대화 습관과 비교하여 평가해서는 안 되며, 오직 하나님 말씀의 기준으로 평가해야 한다.

"온전함"이라는 단어는 문자적으로 "완전히 갖춤" 또는 "성숙함"을 의미한다. 우리가 말에 실수가 없게 되기까지는 결코 영적으로 성숙하다고 할 수 없다. 만일 말에 실수가 없다면 그것은 온몸을 다스릴 수 있다는 증거이다.

가장 기본적인 것을 익혔다면 그야말로 신뢰할만한 솜씨를 갖춘 것이다. 만일 당신이 가장 기본적인 기술을 갖추었다면, 그와 관련된 다른 기술들은 자연스레 습득할 수 있다. 예를 들면, 마라톤 주자가 1마일을 달리는 것이 어렵지 않은 일과 같은 이치다. 또한 프로골퍼가 2피트 정도의 퍼트를 쉽게 처리하는 것과 같다. 우리의 혀도 마찬가지이다. 만약 우리가 혀를 온전히 다스리게 된다면, 우리 삶의 다른 영역도 어렵지 않게 다스릴 수 있을 것이다.

물에 빠져 익사할 뻔한 사람이 인공호흡(mouth to mouth)으로 되살아난 것을 본 적이 있는가? 입과 입으로 하는 대화의 성숙한 기술을 익힘으로 우리들의 관계에 새로운 생명이 주어진다면 그 얼마나 감격스러운 일이겠는가!

"우리가 말을 순종케 하려고 그 입에 재갈 먹여 온몸을 어거하며 또 배를 보라 그렇게 크고 광풍에 밀려가는 것들을 지극히 작은 키로 사공의 뜻대로 운전하나니"(약 3:3-4).

몇 마디 말이 전쟁을 일으키고, 그 결과로 수천 명이 목숨을 잃는다. 즐거운 모험의 돛을 올리는 결혼도 잘못된 혀의 방향타에 의해 종종 암초에 부닥친다. 여러 해 동안 목회를 해온 나는 가정의 불화나 매우 심각하게 악화된 사람들 간의 문제에 대해 자주 상담했었는데, 그 배경에는 언제나 부정적인 대화가 주된 원인으로 작용했음을 알 수 있었다.

우리는 작은 것은 영향력도 작다고 생각하는 경향이 있다. 몇 마디의 말이 무슨 상처를 입히겠는가? 하지만 이 문제를 무시하는 것은 마치 당신 집에 자리 잡으려는 흰개미 굴을 무시하는 것과 같다. 그들은 작고 눈에 잘 보이지 않지만 날카로운 입을 통해 집 안의 가구들을 모조리 갉아 먹는다. 야고보는 그와 같이 혀가 비록 작지만 매우 중요한 것이라고 말한다. 그는 작은 것의 큰 영향력을 말의 재갈, 배의 키, 작은 불씨 등의 사례를 통해 설명한다. 그런 후에 그는 "이와 같이 혀도 작은 지체로되 큰 것을 자랑하도다"라고 결론을 내린다(5절).

얼마 전 이웃집 아이들이 남의 말 하기 좋아하는 아이의 별명을 "빅마우스"(Mr. Big mouth)라고 지어 부르는 것을 들었다. 그런 별명이 붙은 것은 그의 입이 크기 때문이라기보다는, 그의 작은 입이 만들어 내는 많은 문제들을 생생하게 표현한 것이다.

"혀는 곧 불이요 불의의 세계라 혀는 우리 지체 중에서 온 몸을 더럽히고 생의 바퀴를 불사르나니 그 사르는 것이 지옥불에서 나느니라"(약 3:6).

1996년 노르웨이의 한 청소년이 졸업식 날, 자신의 해방감을 표현하기 위해 그의 교과서를 태우려는 계획을 세웠다. 그는 마지막 날 쉬는 시간에 그의 책가방으로 모닥불을 피웠다. 그런데 창고와 너무 가까운 곳에 불을 피우는 바람에 그 곳으로 옮겨 붙었고, 급기야 창고 옆의 학교 본당까지 번지고 말았다. 작은 실수의 결과로 뜻하지 않게 그는 학교 전체를 태우고 말았던 것이다.

우리는 우리의 말 속에 있는 작은 불씨를 너무 관대하게 다루며, 별로 해가 되지 않는다고 생각하는 경향이 있다. 하지만 말에 의해 피어오른 불은 우리가 미처 깨닫기도 전에 급속도로 번진다. 그 불은 한 번 거세지면 큰 손해를 입히고서야 꺼진다. 그 때는 그 일이 의도적이었느냐 그렇지 않았느냐가 더 이상 중요하지 않다. 결과가 너무 참담할 뿐이다.

나는 시카고에 살면서 1871년에 발생했던 대화재에 관해서 여러 차례 들었다. 불은 작은 세력의 하나이지만 돌이킬 수 없는 손해를 입혔고, 그 흔적은 125년이 지난 오늘날까지도 여전히 시민들의 마음속에 남아 있다. 마찬가지로 불같이 격렬한 말은 종종 사람들과의 관계를 파괴시킨다. 비록 그 관계가 회복되더라도 예전 같은 친밀함은 없을 것이다. 가족, 사업, 교회, 친구, 재산, 안정, 행복, 평안 등, 이 모든 것은 말실수에 의해 돌이킬 수 없는 상처를 받기 쉽다. 그러므로 우리는 다음과 같은 문구를 마음에 새겨야 할 것이다. "인생이란 타 버리기 쉬운 자원이다. 당신의 혀를 늘 주의하라."

혀가 가진 파괴적 잠재성의 심각함은 "그 사르는 것이 지옥불에서 나온다"는 성경의 말씀에도 잘 나타나 있다. 또한 "불의의 세계"라고 표현했는데, 이는 죄의 전체 조직망과 연결된 곳이란 의미이다. 따라서 우리는 입 안에 조직화된 범죄 조합을 가지고 있는 셈이다. 우리의 혀는 우리 인생 전체를 파멸시키는 능력을 가지고 있다. 우리의 혀로부터 초래되는 상처를 피할수 있는 것은 아무것도 없다.

“여러 종류의 짐승과 새며 벌레와 해물은 다 길들므로 사람에게 길들었거니와 혀는 능히 길들일 사람이 없나니 쉬지 아니하는 악이요 죽이는 독이 가득한 것이라”(약 3:7-8).

동물을 길들이기 위해서는 수많은 노력이 필요하다. 코끼리로 축구를 하게 만들거나, 당나귀로 농구를 하게 만들거나, 개로 하여금 “징글벨” 노래에 맞춰 짖게 하거나, 침팬지로 몸짓을 통해 의사소통을 하게 하거나, 새로 말하게 하거나, 돌고래로 하여금 나보다 농구를 더 잘하게 훈련시키는 일 등이 그에 속한다. 그 얼마나 어려운 작업이겠는가!

하지만 이러한 일들보다 더 어렵고도 중요한 것은 우리 입 안에 있는 ‘호랑이’를 길들이는 일이다. 만일 우리의 언어 습관이 성령님의 다스림 아래 들어가지 않는다면, 우리의 혀는 죽이는 독으로 가득 차게 될 것이다. 일찍이 사도 바울도 죄악으로 가득 찬 사람들을 언급할 때 구약의 내용을 빌어서 “그 입술에는 독사의 독이 가득하다”고 기록한 바 있다(롬 3:13; 시 140:3).

미국 남부 지역에는 '두 걸음'(TWO-STEP) 뱀이라는 무서운 독사가 살고 있다. 만약 당신이 그 뱀에 물린다면 아마 두 발자국을 떼기도 전에 죽게 될 것이다. 그 독은 몸에 들어가자마자 사람의 신경체계 전체를 마비시키므로 곧 심장이 멎고 만다. 우리의 말도 그 독과 같을 수 있다. 인간관계를 즉시로 깨뜨리며, 사랑을 마비시키고, 타인에 대해 편견을 갖게 하며, 믿음을 파괴시키고, 순전함을 더럽히며, 명예를 손상시키는 무서운 잠재력이 있기 때문이다.

원리 5. 혀는 일구이언하는 경향이 있다

"이것으로 우리가 주 아버지를 찬송하고 또 이것으로 하나님의 형상대로 지음을 받은 사람을 저주하나니 한 입으로 찬송과 저주가 나는도다 내 형제들아 이것이 마땅치 아니 하니라 샘이 한 구멍으로 어찌 단 물과 쓴 물을 내겠느뇨 내 형제들아 어찌 무화과나무가 감람 열매를, 포도나무가 무화과를 맺겠느뇨 이와 같이 짠 물이 단 물을 내지 못하느니라"(약 3:9-12).

'혀는 아랫부분이 입의 중심에 붙어 있기에 양쪽으로 움직이며 조잘댄다.'라고 누군가 말한 적이 있다. 이 말을 들으면서 사도 바울이 디모데에게 교회의 지도자로서 일구이언하는 사람들을 가까이 하지 말라고 경고한 말씀(딤전 3:8)이 떠올랐다. 우리가 주일 아침 교회로 오는 길 내내 다른 이를 욕하다가 주차장에 들어서는 순간부터 경건한 말을 쏟아놓을 수 있다는 것은 정말 놀라운 일이 아닐 수 없다. 그러다가 우리는 폐회송이 끝나자마자 다시 불평을 늘어놓기 시작한다. 하나님의 말씀은 이러한 일에 대해 다음과 같이 단언하고 있다. "내 형제들아 이것이 마땅치 아니하니라"(약 3:10).

천지 만물들도 이렇게 질서 없이 행하지는 않는다. 샘이 짠 물과 단 물을 함께 내지 못하며 무화과나무가 감람 열매를 맺을 수는 없는 일이다. 만약 샘물과 나무에 그런 일이 생긴다면 우리는 실망하여 그것들을 없애 버릴 것이다. 마찬가지로 하나님의 "새로운 피조물(고후 5:17)인 우리가 옛 사람에게 속한 말을 계속 한다면 하나님은 분명 실망하실 것이다.

지속적으로 혀를 다스리라

야고보는 이러한 다섯 가지 원리를 통해 혀의 사악하고도 믿지 못할 잠재성을 분류하였다. 승리를 향한 첫 걸음은 이러한 진리들을 우리의 마음과 생각 속에 채워 넣는 일이다. 혀를 변화시키는 일이야말로 영적 성숙을 위해 헌신해야 할 최우선적 과제이기 때문이다.

오늘날 많은 기독교인들이 이러한 파괴적 언어 문제에 대해 무감각하다. 그렇기에 야고보의 경고가 우리에게 더더욱 중요하다. 우리는 어떤

사람이 다른 이에게 손상이 가는 비난을 할 때, 다음과 같은 말로 합리화 시키면서 서로의 잘못을 가볍게 여기고 있다.

- "글쎄, 그게 사실일거야. 그렇지 않겠어?"
- "맞아, 사람들한테 그런 소리 듣기 싫었으면 행동을 조심했어야지."
- "나도 그 문제를 놓고 구체적으로 기도할 테니 내게도 말해줘."
- "이건 믿을만한 사람에게서 들은 이야기인데…"

이와 같이 무디게 만드는 과정은 언어적 범죄의 수문을 활짝 열어 버리는 일과 같다. 우리 생활 속에서 일어나는 부주의한 대화를 거부감 없이 받아들이는 일은 우리로 하여금 세속적인 말들이 영적인 삶에 있어서 별것 아니라고 생각하게 한다. 하지만 길들여지지 않은 혀로부터 피어오른 말의 불꽃은 인생 전체를 잿더미로 만들 수 있다. 따라서 우리의 혀를 성령의 다스림 아래 두지 않는다면 우리의 교회, 학교, 가정, 친구 관계, 그리고 하나님과의 관계는 모두 희생을 당하고 말 것이다.

기만, 속임, 거짓말, 거짓 증거와 같은 범죄들은 하나님의 관점으로 이해되어져야 하며, 험담이나 비방과 같은 언어의 사회적 범죄는 반드시 억제되어야 한다. 또한 자랑, 아첨, 과장과 같이 자신을 넘어뜨리는 말은 분명히 금지돼야 하며, 불평하는 말이나 논쟁 투의 말도 암과 같은 작용을 하므로 반드시 제거되어야 한다. 또한 하나님 이름의 거룩함이나 우리의 도덕적 순수함을 더럽히는 외설어 역시 우리 가운데서 반드시 사라져야 한다.

앞으로 이어지는 장들을 통해 이러한 모든 말의 문제에 대해 더 자세히 살펴보게 될 것이다. 하지만 그에 앞서 우리의 말을 다스리는 일이 얼마나 필요한 것인지에 대해 최근의 한 실례를 들어보고 싶다. 내가 즐겨 읽는 스포츠신문의 어느 전문 기자가 한 번은 지역 야구팀 감독이 야구 위원회 이사를 맹비난 한 일로 벌금이 부과된 것에 대해 논평을 쓴 적이 있다. 그는 논평을 통해 그 감독을 다음과 같이 변호했다. "어쨌든 단지 말만 했을 뿐이다." 그 순간 나는 생각했다. '단지 말에 불과하다고? 아무 문제 될 일은 없고 단지 말에 불과하다? 하지만 결국 그 말은 핵폭탄과 같은 파장을 일으키지 않았는가!'

수 년 전, 시카고 트리뷴지(誌)의 1면에 일리노이 주(州) 북서 지역 고등학교 미식축구 결승 경기의 여파에 대한 흥미로운 기사가 실린 적이 있었다. 그 기사는 경기가 끝난 후의 10일간을 추적한 내용이었는데, 그 사건은 경기 종료 휘슬이 울린 후부터 시작되었다. 공식 경기를 마쳤으나 승부를 가리지 못하여 연장전에 들어갔고, 마침내 어느 한 팀은 이기고 한 팀은 지고 말았다. 패배한 팀의 팬들이 실망에 빠진 것은 당연한 일이다. 그런데 몇몇 사람들이 심판 한 명을 도가 지나칠 정도로 비난하고 나섰다. 그 중 극단적인 한 팬은 무려 100여 킬로미터나 떨어진 그 심

판의 집까지 따라가서 두 시간 동안 그의 집 밖에서 항의 시위를 벌였
다고 한다. 그 이후에도 며칠 동안 패배한 팀의 학부모와 선생들이 적개
심에 가득한 편지를 써 보냈고, 끔찍한 내용의 전화 통화도 해댔다. 그
로 인해 서른여섯 살의 그 젊은 심판은 자살을 시도했다. 다행스럽게도
그의 자살 시도는 실패로 끝났다.

패배한 팀의 팬들은 아마도 자신들의 항의를 정당한 말이라 여겼을 것
이다. 하지만 자신의 임무에 충실했을 뿐인 공정한 심판에게 있어서 그
말은 그 이상의 것이었다. 팬들은 잔인한 말을 별다른 생각 없이 쏟아놓
았겠지만, 그 말의 파괴력과 중압감은 그들의 표적이 된 그 심판을 계속
해서 짓누른 것이다. 도대체 그들은 무엇을 위해 그리했는가? 단지 고등
학교 축구 경기 때문이었다.

야고보가 말의 파괴력에 대해 말한 바를 우리가 살펴본 것처럼, 우리
는 뻔뻔하게도 무해하다는 이유로 부적절한 언어 습관을 근절시키지 않
고 있다. 우리에게 정당한 것으로 여겨지는 말이 다른 사람들에게는 부
당한 말로 받아들여질 수 있다. 그리고 그 부당함에 대한 그들의 반응은
우리가 상상하는 것 이상으로 다양할 것이다. 나는 여러분에 대해서는
잘 모르지만, 부주의한 말 때문에 다른 사람에게 상처를 주는 것보다 내
혀를 다스리는 법을 배우는 것이 훨씬 낫다는 것은 알고 있다.

제 2 장

거짓의 유형들

기만, 속임, 거짓말, 거짓 증거. 이 모든 것들은 사탄이 하나님의 영광을 가리는데 사용하는 우리 안의 죄된 속성들이다.

사탄은 이러한 거짓의 유형들을 통해 우리를 사탄의 조직망 속으로 끌어들이고 있는 것이다.

기만, 속임, 거짓말, 거짓 증거

마크 트웨인은 일찍이 다음과 같은 명언을 남겼다.

"의심스러울 때 솔직하게 말하라. 그것은 당신의 원수들을 당황하게 하며 당신의 친구들을 놀라게 만들 것이다."

하지만 진실을 말하기가 어려워진 시대가 되고 말았다. 우리의 문화는 편의주의나 자신의 유익을 추구하는 윤리로 바뀌어졌고, 따라서 거짓말은 관대하게 여겨질 뿐만 아니라 심지어 많은 경우 조장되고 있다. 그 결과, 우리 중 많은 이들이 거짓말 하는 일에 대해 괜찮다고 생각하고 있다.

확실한 매출을 올리기 위해 작은 거짓말을 하는 일은 회사의 유익을 위해 정당화 되고 있으며, 말을 약간 과장하여 부풀리는 일은 남들보다 연봉을 더 받거나 승진하기 위해서는 필수적인 것이라 여겨지는데, 이는 그러한 거짓말이 첨예한 경쟁관계에서 우위를 점하게 해준다고 생각하기 때문이다. 이러한 생각은 사실상 거짓이 악행에서 미덕으로 전환된 것이라 볼 수 있다. 불행하게도 이러한 생각은 진리에 대한 절대적 가치를 점차 훼손시키고 있다.

진실에게는 항상 가치 있는 동료들이 있다. 그것은 신뢰감, 신용, 성실, 믿음, 안심, 그리고 견고함으로서, 이들 모두는 진실에 기초를 두고 있다. 따라서 진실이 사라질 때 이러한 진실의 동료들도 함께 사라지게 된다. 이와 반대로 거짓은 의혹, 의심, 위축, 불안, 다툼, 원한, 분노와 연합되어 있다. 거짓이 진실을 대신 하게 될 때, 이러한 거짓의 동료들은 항상 그 모습을 드러낸다. 일찍이 어거스틴도 "진실이 무너지거나 혹은 약간이나마 흐려졌다고 생각될 때, 모든 일들은 의혹 속에 잠기게 될 것이다"라고 말했다.

신뢰와 확신의 이러한 부식은 모든 관계 속에 거짓이 주입되도록 영향을 끼친다. 이로 인하여 많은 가정들은 상처를 받게 되고, 정부는 국민에게 불안감을 주며, 대중매체의 정보는 신뢰성을 잃게 되고, 사업상의 관계 또한 불신으로 인하여 깨어질 것이다. 이와 같이 거짓에 그 바탕을 두게 된다면, 그 어떤 관계도 유지될 수 없으며 다만 혼자서 지내야 할 것이다.

성경은 진리를 변질시키는 매우 심각한 여러 영적 영향들에 대해 강조하고 있다. 거짓말은 십계명에서도 금하는 죄악이며(출 20:16), 하나님께서 가장 싫어하시는 죄의 목록에도 포함되어 있다(잠 6:17). 또한 하나님께서는 거짓말하는 자들이 불과 유황으로 타는 못에 참예하는 심판을 받을 것이라고 하신다(계 21:8). 하나님께서는 우리가 진리 안에 거하기를 원하신다(시 51:6). 그렇다면 진리가 하나님께 왜 그리도 중요한 것일까?

첫째로, 진리는 우리를 하나님과 함께 하도록 하기 때문이다. 하나님께서 진리에 강한 관심을 갖고 계신 이유는 그것이 하나님의 본질적인 성품과 직접적으로 관련되어 있기 때문이다. 하나님은 "진리의 하나님"이시다(시 31:5). 그렇기에 하나님은 거짓말 하지 않으신다(딛 1:2). 예수 그리스도는 "은혜와 진리가 충만하신" 분이다(요 1:14). 또한 성령님은 "진리의 성령"이시며, 그분의 사역은 우리를 진리 가운데로 인도하시는 것이다(요 14:17, 16:13). 이처럼 하나님의 일하시는 모든 방식은 진리이다(시 25:10). 또한 우리가 드리는 예배의 원리도 진리에서 비롯된다(요 4:24). 그러므로 우리가 진리를 향해 헌신할 때, 우리는 하나님의 성품과 그의 일하시는 방식에 일치하게 된다. 진리 안에 거하는 것이야 말로 하나님과 교제하는 방법인 것이다.

둘째로, 우리는 하나님의 성품을 나타내기 위해 구속 받은 자들이기 때문이다. 우리가 하나님의 자녀로서 존재하는 최고의 목적은 그의 아들의 형상을 본받기 위함이다(롬 8:29). 그러므로 우리가 거짓에 참여하는 것은 우리를 구속하신 하나님의 목적을 퇴화시키는 것이며, 우리를 통한 하나님의 영광의 빛을 어둡게 만드는 일이 된다. 하나님께서 진리시라면, 우리 역시 하나님의 형상을 정확히 반영하기 위해 삶 속에서 진리를 드러내야 할 것이다.

셋째로, 솔직하게 말하는 것은 하나님의 뜻에 대한 순종이기 때문이다. 하나님의 말씀은 우리에게 어떤 상황에서든지 진실하게 말하라고 명령한다. 잠언 기자는 의인은 거짓말을 미워한다고 기록했으며(잠 13:5), 바울은 "너희가 서로 거짓말을 말라"고 기록하였다(골 3:9). 하나님께서는 성경의 그 어느 구절에서도 이러한 명령에 대해 예외를 두신 적이 없다. 이 명령은 절대적인 것이다. 만약 우리가 거짓에 휘말려 있다면, 우리의 양심은 하나님 앞에서 절대 깨끗하지 못할 것이며 우리의 기쁨 또한 충만하게 채워질 수 없을 것이다.

그동안 많은 사람들이 진리의 왜곡된 유형들을 정리해왔다. 우리도 함께 공부해 가면서 올바르게 이해해야 할 네 가지 유형을 살펴보도록 하자.

기 만

이것은 자신이 목격한 어떤 상황이나, 누구로부터 들은 내용을 자기 스스로 잘못 판단하고 결론 내리고, 심지어는 다른 사람과 나누려는 성향을 말한다. 잘못된 결론을 성급히 내리는 일은 속이려는 의도가 있었든 없었든 간에 우리에게 고통을 가져다주는 미묘한 함정이다.

내가 목사로 사역하던 시절, 이 문제에 대해 특별하게 깨달았던 한 가지 일이 있다. 어느 날 아침 나는 교회 사무실로 출근하는 길에 우리 집 잔디밭에 누군가가 버린 맥주 캔을 보게 되었다. 나는 그것을 집어서 쓰레기통 속에 던져 넣고는 별다른 생각 없이 가던 길을 계속 갔다. 그런데 한참을 걷다가 한 가지 생각이 떠올랐다. '맥주 캔이 목사관의 쓰레기통 밖에서 굴러다닌다면 쓰레기 수거인이 과연 어떻게 생각할까?' 비록 내가 그릇된 일을 하지 않았지만 그 상황만 보고 누군가가 잘못된 결론을 내리고 확인도 하지 않고 나를 죄인으로 취급하는 일이 얼마나 쉬운 일인가를 새삼 깨닫게 되었다.

다른 사람들이 당신에 대해 잘못된 결론을 내리지 않도록 항상 조심할 수는 없지만, 당신이 다른 사람에 대해 오해하지 않도록 더 신중하게 생각할 수는 있다. 한번은 교회 사무실에서 얼마의 돈을 잃어버린 일이 있었다. 그 순간 내 마음 속에 의심되는 사람의 이름과 얼굴이 떠올랐다. 물론 다른 사람일 수도 있겠지만 그 상황에 대해 유심히 생각하면서 나는 나 자신도 모르게 그 사람을 의심하였고 그를 미워하는 마음에 사로잡히게 되었다. 그리고 그 사람과 마주치면 뭐라고 할 것인가와 이 상황을 놓고 기도하자고 누구에게 말할 것인가를 곰곰이 생각하게 되었다. 그러는 가운데 내가 그에게 화가 나 있음을 느꼈다. 결국 이러한 나의 비판적 생각은 그 사건에 대한 결론을 내리고 말았다. 직원들과 돈을 잃어버린 문제에 대해 의논하면서 나는 성급히 그 문제의 인물을 지목하였다. 나의 마음은 부정적인 생각으로 가득 차 있었고 그가 도둑이라는 생각은 더욱 더 확고해졌다.

그런데 갑자기 성령께서 어깨를 두드리시며 "만약 네 생각이 틀리다면 어떻게 할 거냐? 네가 그 일에 대해 모든 것을 알고 있느냐?"라고 말씀하셨다. 그 순간 나는 그 어떤 확실한 증거도 가지고 있지 않음을 발견했다. 또한 세상의 재판 제도도 범죄가 입증되기 전까지는 사람을 함부로 죄인 취급하지 않는다는 것도 깨달았다.

기만이란 잘못된 판단을 퍼뜨리는 죄다. 그것은 누군가를 속이기도 하고 자신도 속게 만든다. 비록 별다른 악의 없이 행했더라도 그것은 종종 파괴적인 결과를 낳는다. 기만은 불신, 의심, 혼란의 씨앗들을 자라나게 하며, 사람의 평판을 다시는 돌이킬 수 없을 정도로 파괴시키고 만다.

모든 소문은 늘 두 가지 이면을 가지고 있다. 그렇기에 우리는 충분한 사실을 알기 전까지는 쉽게 판정을 내리려는 유혹과 싸우는 것을 배워야 한다. 주의 깊게 양쪽을 살펴보지 않거나 불충분한 사실만으로 결론 내리는 태도는 우리로 하여금 잘못된 비난을 하게 만든다.

어떻게 해야 이러한 잘못된 정죄나 부정확한 정보에 빠지는 유혹으로부터 우리 자신을 지킬 수 있을까? 성경의 여러 제안들이 그것을 도와주고 있다. 우리는 다음 사항들을 개발해야 할 것이다.

- 충분한 사실이 입증될 때까지 판단을 내리지 않는 인내의 마음(갈 5:22).
- 사실이 밝혀질 때까지 긍정적으로 생각하는 사랑(고전 13:5-7).
- 모든 것을 아시며 모든 사람을 공정하게 심판하시는 하나님께 그 상황을 맡기며 기도하는 믿음(벧전 1:17).
- 잘못된 비난을 퍼뜨리는 사람들에게 충분한 사실이 드러나기까지 판단을 미루도록 권면하여 다른 이들을 보호하려는 마음(고전 13:4).
- 필요할 경우, 사실을 분명히 밝히기 위해 문제와 관련된 사람들에게 직접 찾아가는 담대함(마 18:15).

만일 이와 다른 방법을 선택하게 된다면, 우리는 잘못된 결론을 성급하게 내리게 되고, 우리가 보호하고 치료해 줄 수 있는 사람들이나 관계들을 파괴시키는 발자국을 남기게 될 것이다.

속 임

우리는 종종 눈에 보이는 사실이 곧 진실이라고 생각하는 경향이 있다. 하지만 놀랍게도 어떠한 사실은 진실을 왜곡시킬 수도 있다. 다음에 나오는 문구를 주의 깊게 읽어 보자.

"아버지가 방에 들어가신다." 자, 다시 한번 같은 문구를 읽어 보자.

"아버지 가방에 들어가신다." 무엇이 이러한 차이점을 만들었을까?

내용이나 단어의 순서가 바뀐 것은 아니다. 단지 띄어쓰기를 통해 단어의 배열을 다르게 나눔으로써 그 의미 전체를 바꾸어 놓은 것이다.

속임의 엄청난 능력은 창세기 3장 1-6절에서 잘 드러난다. 교활한 속임을 통해 사탄은 하와의 마음을 조종하게 되었을 뿐만 아니라 아담으로 하여금 죄를 짓게 하였고 하나님의 모든 피조물로 죄의 저주 아래 빠지도록 만들었다(롬 5:12).

사탄의 책략은 질문으로 시작되었다. "하나님이 참으로 너희더러 동산 모든 나무의 실과를 먹지 말라 하시더냐?"(창 3:1). 이 질문에서 사탄은 부분적으로 사실을 말하고 있다. 그러나 사실에 대한 사탄의 표현은 하와로 하여금 하나님은 속박하는 분이며 인색한 분이라는 인상을 갖게 했다. 그 순간 하와는 하나님을 섬기는 것이 노예 생활로 여겨졌다. 마침내 그녀는 하나님께서 자신 주위에 있는 모든 것을 마음껏 누리지 못하도록 제한하셨다는 결론을 내리게 되었다.

그렇다면 하나님께서 실제로 말씀하신 내용을 살펴보도록 하자. "동산 각종 나무의 실과는 네가 임의로 먹되, 선악을 알게 하는 나무의 실과는 먹지 말라"(창 2:16-17). 나는 아담에게 하신 이 말씀을 읽고서 하나님의 관대하심과 넓은 사랑에 감명을 받았다. 아담과 하와는 에덴동산에서 단 한 가지만을 제외한 모든 나무의 실과를 먹을 수 있었던 것이다. 이 얼마나 관대하시며 사랑이 풍성하신 창조주이신가!

사탄은 부분적인 사실만을 인용하므로 하와에게 하나님에 대한 잘못된 생각을 하도록 속였다. 사탄은 하와와 하나님의 모든 피조물을 지배하기 위해 진실을 왜곡시켰던 것이다. 하나님의 말씀은 그것을 꾀임(속임) 또는 미혹함이라고 부르고 있다(창 3:13; 고후 11:3).

속임은 자신의 출세나 자기 방어를 위해 널리 사용되는 수법이 되었다. 우리는 많은 사람의 삶 속에서 그 증거를 찾을 수 있다. 바로 이런 경우이다.

- 죄가 되는 줄 알면서도 범하는 사람일수록 교회 현관을 들어설 때, 아주 경건한 체하며 들어간다.
- 계약서에서 중요한 부분은 아주 작은 글씨로 인쇄하여 사람들로 하여금 모르고 서약하게 만드는 사업가들.
- 성도들을 자기 뜻대로 조종하기 위한 수단으로 성경을 사용하는 목사들.

● 자신에게 유리한 통계치만을 선별하여 자신의 연구 성과를 입증
　하려는 교수들.

　이처럼 속임은 우리 사회의 실생활 가운데서 널리 행해지고 있다. 그러한 속임은 신뢰를 파괴시키는 요인이며 견고하고 성숙한 관계를 위협한다.

　'광고의 진실성', '대출의 진실성', '증언의 진실성'과 같은 법률상의 구속들이 존재한다는 것은 우리 삶 가운데 속임이 얼마나 널리 행해지고 있는지를 증명해주는 것이다. 이처럼 방송이나 신문 같은 대중 매체나 국민을 지켜줘야 할 정부, 그리고 경제, 정치뿐만 아니라 심지어 교회 내에도 존재하는 속임으로 인해 신뢰는 점점 파괴되고 대신에 불신감이 그 자리를 차지하고 있다.

　잠언 기자는 "속이고 취한 식물은 맛이 좋은 듯하나 후에는 그 입에 모래가 가득하게 되리라"고 말하였다(잠 20:17). 속임은 사악한 마음의 증표이다(잠 12:20).

　기만과 속임, 이 두 가지는 진실을 함부로 조작하거나 왜곡시키는 것을 말한다. 반면에 거짓말은 진실이 아닌 것을 직접적으로 말하는 것이다.

코코아, 그것은 내게 있어서 어린 시절의 거짓말을 늘 떠오르게 하는 나의 약점이다. 어느 날 학교 수업을 마치고 집에 돌아왔을 때, 식탁 위에 코코아 한 봉지가 뜯어져 있는 것을 보게 되었다. 그 순간, 나는 유혹을 이기지 못하고 어머니의 허락도 없이 코코아를 먹고 말았다. 하지만 어머니께서 그 날 밤 그 코코아를 케이크를 만드는데 사용하실 줄 내가 어찌 알았겠는가? 어머니께서는 식탁에 있던 코코아가 거의 바닥난 것을 발견하시고 나의 두 여동생과 나를 부엌으로 부르셔서 누가 먹었는지 고백하라고 추궁하셨다. 나의 두 여동생들은 자신들의 결백함을 주장하기 위해 맹세까지 했다. 나도 물론 동생들이 하는 대로 따라 했다.

이윽고 아버지께서 집에 돌아오시자 우리는 모두 거실로 불려나갔다. 그리고 각각 자신의 결백함을 아버지 앞에서 다시금 맹세해야 했다. 일찍이 마크 트윈이 이런 말을 한 적이 있다. "고양이와 거짓말쟁이 사이의 근본적인 차이점은 고양이는 목숨이 아홉 개라는 점이다." 그런데 이럴 수가? 아버지께서 성경을 펴시더니 "거짓말하는 자들은 불과 유황으로 타는 못에 참예하리라"(계 21:8)는 말씀을 읽어주시는 것 아닌가! 아홉 살이었던 나는 무서워서 더 이상 견딜 수가 없었고 결국 부끄럽지만 고백을 하고 말았다.

그 날 이후로 나는 거짓말의 심각성에 대해 깊이 생각하게 되었다. 그 일을 통해 나는 거짓말을 꾸며대는 사람은 언제나 끓는 물에 잠긴 자신을 발견하게 된다는 교훈을 배운 것이다. 비록 어린 나이였지만 거짓말이 왜 하나님께 심각한 문제가 되는가를 깨닫게 된 것이다. 성경은 모든 신자에게 거짓된 혀에 대한 해악의 여러 실례를 곳곳에서 이야기 하고 있다.

거짓말, 그것은 사탄의 기본 전략이다. 창세기 3장에서 사탄은 하나님의 선하심에 대해 하와를 속였을 뿐만 아니라 하나님과 그의 말씀에 대해서까지 거짓말하였다. 그는 하와에게 "너희가 결코 죽지 아니하리라"(창 3:4)고 말했지만, 그것은 사실에 대한 명백한 거짓말이었다. 하나님께서는 "네가 먹는 날에는 정녕 죽으리라"고 말씀하셨다(창 2:17). 거짓말은 이처럼 사탄의 전략 중에 핵심적인 요소인 것이다.

거짓말이 사탄의 주된 작전 방법으로 오늘날까지 여전히 사용되고 있다는 것은 그리 놀랄 만한 일이 아니다. 사탄은 우리 문화 속에서 거짓말이 그리 심각하지 않은 죄라고 생각하게 만들었다. 그의 거짓된 방식은 부유함과 많은 소유가 우리를 행복하게 만들 수 있다고 말한다. 또한 사탄은 다음과 같은 말로 하나님에 대한 거짓말을 우리에게 속삭인다. "만일 하나님께서 선하시다면 왜 너희 부모님이 이혼하도록 놔 두셨겠니? 왜 이렇게 큰 고통을 주시냐구?"

또한 사탄은 이런 거짓말로 속삭인다.

- 당신이 정말 선하게 살아간다면, 당신은 천국에 갈 수 있다.
- 사람은 하나님이 지으신 게 아니라 진화 과정의 결과로 되어진 것이다.
- 성공은 그 사람이 소유한 재산이나 자동차, 주택으로 평가 되어진다.

● 자유는 우리가 원하는 모든 것을 할 수 있는 가운데서 발견되는
것이다.

거짓말은 사탄 조직의 힘이다. 사탄은 자기만 거짓말 할 뿐 아니라 우
리도 거짓말하기를 바란다. 우리가 거짓말을 한다면 그것은 우리가 하나
님보다는 사단을 좇게 되는 것이기 때문이다. 이는 그리스도께서 자신에
대해 거짓말하는 바리새인들을 향하여 하신 말씀을 통해 분명히 알 수
있다. "너희는 너희 아비 마귀에게서 났으니 너희 아비의 욕심을 너희도
행하고자 하느니라 저는 처음부터 살인한 자요 진리가 그 속에 없으므
로 진리에 서지 못하고 거짓을 말할 때마다 제 것으로 말하나니 이는 저
가 거짓말쟁이요 거짓의 아비가 되었음이니라"(요 8:44). 또한 거짓말은 세
상적 방식의 언어이다. 야고보는 다음과 같은 말씀을 통해 우리에게 경
고하고 있다. "세상과 벗된 것이 하나님과 원수임을 알지 못하느뇨 그런
즉 누구든지 세상과 벗이 되고자 하는 자는 스스로 하나님과 원수 되게
하는 것이니라"(약 4:4).

거짓말, 그것은 신자의 과거에 속한 일로서 육체의 산유물이다. 따라
서 우리가 영적으로 성숙하는 만큼 우리에게서 떠나갈 일이다. "너희가
서로 거짓말을 말라 옛사람과 그 행위를 벗어 버리고 새 사람을 입었으
니 이는 자기를 창조하신 자의 형상을 좇아 지식에까지 새롭게 하심을
받은 자니라"(골 3:9-10). 우리가 새 사람이 되었다는 것은 하나님께서 우

리를 그리스도와 그의 진리에 일치시키셨다는 의미다. 누구든지 하나님과 벗되는 것을 기뻐하는 자는 "그 마음에 진실을 말하며 그 혀로 중상 모략하지 말아야 할 것이다"(시 15:2-3).

그럼에도 불구하고 거짓말은 사탄의 기본 전략이며 우리의 영적 과거의 한 부분이었기에, 여전히 우리 안에 남아서 좀처럼 사라지지 않고 있다. 그래서 종종 우리는 나 자신이나 남을 위해 거짓말하려는 유혹에 끌리게 된다.

왜 우리는 그렇게도 쉽게 거짓말을 하게 되는 것일까? 그것은 거짓말이 자신의 편의나 안정이나 이익을 얻는데 빠르고 손쉬운 방법이기 때문이다. 우리는 사람들의 관심을 끌기 위해서 또는 다른 이들로 하여금 자신이 꽤나 괜찮은 사람이라 생각하게 만들려고 거짓말을 한다. 또한 돈을 벌기 위해서나 선거에 당선되기 위해서도 거짓말을 꾸며댄다. 그리고 거짓말은 자신의 체면을 지키거나 어떤 곤란함을 모면하기 위한 수단으로도 사용된다. 대부분의 거짓말은 이렇듯 자신에게 아주 헌신적인 하인 노릇을 하고 있다.

내가 처음 목회를 하던 때의 일이다. 어느 날, 주일학교 부장 선생이 새로운 학기에 사용할 공과를 주문해 달라고 나에게 부탁을 하였다. 나는 그러겠노라고 약속을 했지만 곧 잊어 버리고 말았다. 그 다음 주일 아침, 교회 현관을 들어서다가 부장 선생과 마주치게 되었다. 그는 공과를 주문했냐고 내게 물었다. 그 순간 나는 나의 체면을 지키기 위해 거짓말을 하고 말았다. 목사인 내가 그런 일을 잊어버렸다고 어떻게 말할 수 있겠는가? 또 그의 부탁에 대해 그리도 경솔했음을 안다면 그가 나를 어찌 생각하겠는가? 사무실로 들어오면서 나는 순식간에 거짓말을 한 일에 대해 죄책감을 느끼며 괴로워했다. 그것은 전부터 생각했던 바가 아니라 본능적이고도 자동적으로 나온 말이었다. 이기적인 마음이 여전히 내 안에 살아 움직이고 있었던 것이다. 또한 내 자신이 죄악에 대해 무기력함을 발견하게 되었다.

책상에 앉아 그런 고민을 하고 있는데, 성령님께서 그 문제를 설교하기 전에 먼저 깨끗이 해결하라고 재촉하셨다. 순간 마음속에서 심한 갈등이 일기 시작했다. '내가 어떻게 거짓말한 것을 부장 선생에게 고백할 수 있단 말인가? 그것을 고백하지 않고 그냥 지나갈 수는 없을까?' 육체의 소욕과 성령의 소욕간의 내적 전쟁(갈 5:17)으로 나는 아주 심하게 흔들렸다. 만일 내가 부장 선생에게 고백하지 않는다면 그는 사실을 전혀 모르고 지나갈 것이다. 월요일 아침 일찍 전화를 걸어 급히 그 책을 주문할 수 있기 때문이다. 만일 그 책이 제 때에 도착하지 못한다면 그 책임을 출판사에 돌릴 수도 있다. 하지만 내가 거짓말한 것을 고백하게 된다면 나에 대한 신뢰감은 한 순간에 깨어지고 말 것이다.

하지만 결국 그러한 자기 합리화는 아무런 유익이 없다는 것을 깨달았다. 나는 내가 잘못한 것을 알았고, 그 점에 대해 하나님과 부장 선생에게 고백해야만 했다. 만약 고백하지 않는다면 그와의 관계는 죄책감과 두려움으로 얼룩지게 될 것이다. 비록 그 거짓말이 드러나지 않는다 해도 그것은 나의 가장 친한 친구를 멀어지게 만드는 일이 될 것이다. 이 문제를 올바르게 해결하지 못한다면 나의 설교는 죄를 알면서도 감추는 위선자의 마음에서 나온 것에 불과할 것이다.

감사하게도 내가 했던 일을 그에게 고백하자 그는 너그러이 나를 용서해 주었다. 나의 영혼은 다시금 자유하게 되었고 친구를 되찾았으며 우리들의 관계는 전보다 더욱 깊어지게 되었다.

진실을 말하려는 우리의 의지에 가장 큰 위협이 되는 것은 남을 보호하려고 하는 거짓말이다. 우선 이 일은 정직함의 의로운 목표에서 정당한 예외로 인정받을 수 있다는 생각이 들게 한다. 우리는 히틀러가 유태인을 학살하던 당시에 유태인 아이들이 나치 군인으로부터 집에 부모가 계시냐는 질문을 받던 상황에 대해 들어 본 적이 있을 것이다. 그러한 위급한 상황 속의 거짓말은 물론이고 평범한 사교상의 거짓말에 이르기까지 거짓말은 모든 사람에게 단순히 웃어 넘겨지고 있으며 경우에 따라서는 너그럽게 봐주는 것이 요즘의 경향이다.

물론 어떠한 상황에 있어서는 사실대로 말한다는 것이 재치 없는 일이 될 수도 있다. 병원에서 이제 막 태어나서 피에 얼룩지고 주름 잡힌 아기를 보고 당신은 뭐라고 표현하겠는가? 또 누군가가 자신의 새 양복이나 모자나 넥타이를 가리키며 보기에 어떠냐고 당신에게 묻는다면 뭐라고 대답하겠는가? 이런 경우 우리는 종종 '선의의 거짓말'(Little white lie)

을 한다. '선의의 거짓말'이라는 표현은 그 자체가 모순된 말이다. 거짓말은 결코 작은 일이 아니며 항상 악의 일부분이다. 이에 대해 일찍이 어떤 이는 이런 말을 했다. "선의의 거짓말을 들은 사람은 머지않아 그것이 옳은지 그른지를 구별하지 못하게 될 것이다."

이것은 사실을 거침없이 말하라는 뜻은 아니다. 하나님의 말씀은 우리에게 사랑 안에서 참된 것을 말하라고 명령하신다(엡 4:15). 진리는 자비와 온유와 이해와 은혜 안에서 조심스럽게 전해져야 한다. 사실대로 말하므로 하나님을 영화롭게 하는 것도 좋지만 그 말을 심사숙고 하지 않아 하나님의 영광을 가린다면 그것은 오히려 덕이 되지 못할 것이다. 파스칼이 "사실에 대한 폭언은 거짓말을 했을 때만큼의 처벌을 받아야 한다"고 말한 것도 이런 차원에서 기인된 것이다.

우리는 말 가운데 지혜가 있기를 위해 기도해야 할 필요가 있다(약 1:5). 따라서 우리는 모든 상황 속에서 진실이 무엇인지를 자세히 살피는 훈련을 해야 한다. 예를 들어 우리는 피로 얼룩지고 잔뜩 주름진 아기에 대해 사랑스럽다고 말할 수 있다. 이는 태어나는 모든 아기들이 그렇기 때문이다. 또한 누군가가 어울리지 않는 옷을 입고서 어떠냐고 묻는다면 색상이나 옷맵시, 스타일 등에 대해 잘 조언해 줄 수도 있다. 이같은 상황에 대한 말이 잠언서에 잘 나타나 있다. "사람은 그 입의 대답으로 말미암아 기쁨을 얻나니 때에 맞은 말이 얼마나 아름다운고"(잠 15:23). 또한 사도 바울도 다음과 같이 말했다. "너희 말을 항상 은혜 가운데서 소금으로 고루게 함같이 하라 그리하면 각 사람에게 마땅히 대답할 것을 알리라"(골 4:6).

다른 이를 위한 거짓말을 정당화시키기 위해, 병사들에게 거짓말을 하여 정탐꾼을 보호해 준 라합의 사건이 자주 거론되곤 한다(수 2장). 오늘날 그녀는 위험으로부터 다른 사람을 보호하기 위해 거짓말하는 사람들의 의로운 선구자로서 그 본보기가 되고 있다. 심지어 그녀의 믿음은 신약에서 칭찬을 받았다(히 11:31). 성경을 처음 읽다보면 우리는 그녀의 거짓말이 적절했을 뿐만 아니라 하나님께 복을 받았다고 결론 내릴 수도 있다. 만약 그것이 사실이라면 거짓말에 대한 금지는 절대적일 수 없으며, 화목을 유지하기 위해 상황에 따라서는 거짓말을 허용해야 할 것이다. 이처럼 우리 주위에는 진실의 절대성을 무너뜨리거나 거짓말도 의롭게 사용될 수 있다고 주장하는 생각이 크게 자리 잡고 있다.

이 문제를 해석함에 있어서 우리가 먼저 알아야 할 것이 있다. 그것은 라합이 하나님의 율법에 대해서 잘 모르는 이방인이었다는 사실이다. 나는 라합이 가졌던 의로움의 개념을 오늘날 우리의 성경적 윤리 규범에 그대로 적용하는 것이 합당하지 않다고 생각한다. 하지만 라합의 거짓말에 대해서는 우리가 더 알아야 할 것이 있다.

히브리서 11장 31절을 자세히 보면 하나님께서 칭찬하신 것은 라합의 믿음 때문이지, 그녀의 지혜로운 거짓말 때문이 아님을 알 수가 있다. 그녀의 믿음은 하나님께서 그의 백성 된 이스라엘을 보호하사 홍해를 건너게 하시고 엄청난 애굽의 군대로부터 승리하게 하심을 듣고 생겨난 것이었다. 이스라엘의 하나님의 살아계심과 그 권능을 믿음으로서 그녀는 구원을 얻은 것이다. 하지만 그와 반대로 그녀의 거짓말은 자신의 믿음에 있어서 명백한 실수였다. 그녀가 하나님의 완전하심을 믿었다면, 하나님께서 자신의 거짓말 없이도 능히 정탐꾼들을 보호하실 수 있음을 확신했어야 했다.

실제로 라합의 거짓말은 하나님께서 여러 차례 행하셨던 초자연적 능력을 그들에게 나타내실 수 없도록 가로 막는 결과를 초래했다(홍해를 건넘, 사자굴 속의 다니엘, 예수님의 부활, 옥에 갇혔던 베드로). 그로 인해 두 정탐꾼은 산 속에 숨어 있어야 했고 여리고 지리에 익숙한 병사들에 의해 3일 동안이나 쫓겨 다녀야만 했다. 하지만 놀랍게도 발각되지는 않았다(수 2:22).

이처럼 본문과 관련된 대부분의 장면들을 미루어 볼 때, 그녀의 거짓말은 오히려 정탐꾼을 위험하게 만든 나쁜 요인이었음을 추측할 수 있다. 거짓말이 그들을 구할 수 있으리라는 것은 그녀의 짧은 생각이었던 것이다. 하나님은 우리가 아주 비참하게 여기는 일을 통해 종종 놀라운 사역을 이루신다. 최악의 경우 그들은 죽임을 당할 수도 있었다. 하지만 하나님을 섬기는 사람들에게 그것은 하나님의 뜻일 수도 있다. 초대 교회 당시, 순교자들은 자신의 목숨을 위한 거짓말을 거부했으며, 그들의 피를 통해 그 당시 사람들에게 그리스도에 대한 믿음이 죽음보다도 값진 것임을 알렸다. 사도 바울의 말처럼 그리스도인의 죽음은 천국으로 들어가는 문이기에 "더 좋은 것"이다(빌 1:23).

따라서 라합의 거짓말은 거짓말하는 일이 하나님께 용납될 수 있음을 입증할 증거가 되지 못한다. 오히려 그녀의 거짓말은 하나님의 크신 능력이 나타날 영광의 기회를 막아 버린 셈이 되고 말았다. 기독교에 있어서 인간에게 부여된 의무는 우리가 하나님을 돕기 위해 악을 행할 것인가 아니면 의를 행할 것인가를 판단하는 일이다.

우리는 라합의 사건을 통해 하나님은 용서의 하나님이심을 알게 되었다. 하나님께서는 우리가 당신께 영광 돌리는 일에 불순종했을지라도 기꺼이 자비를 베푸시는 분이다. 하지만 우리가 자신의 거짓말을 변호하기 위해 라합을 이용하는 것은 바울이 기록한 말씀을 어기는 것에 불과하다. "은혜를 더하게 하려고 죄에 거하겠느뇨? 그럴 수 없느니라"(롬 6:1-2).

거짓 증거

진리를 거스리는 또 다른 죄는 거짓 증거이다. '거짓 증거'라는 용어는 어떠한 거짓 증언에라도 적용되어질 수 있지만 특히 다른 사람을 대적하기 위해서 거짓 증언하는 것과 관련되어 있다. 사람들은 종종 개인적 이익을 얻기 위해 이러한 죄를 범하곤 한다. 이세벨은 아합 왕이 원했던 정원을 얻기 위해 음모를 꾸몄는데 그 과정에서 땅 주인인 나봇에 대해 거짓 증거를 할 "비류" 두 사람을 세웠다. 그 결과 무고한 사람이 돌에 맞아 죽었고 삐졌던 왕은 정원을 얻고야 말았다(왕상 21:1-16). 또한 그리스도를 십자가에 못 박기 위해 대제사장은 주님에 대한 거짓 증언을 할 두 사람을 내세웠다(마 26:60-61). 거짓 증언을 하는 언어적 범죄는 하나님 앞에 심각한 범죄이다. 실제로 하나님은 거짓말에 대한 금지를 십계명 속에 포함시키실 때 이 용어를 사용하셨다(출 20:16).

이 죄는 무고한 사람의 인격과 그의 가족에게 돌이킬 수 없는 상처를 입히는 비열한 죄다. 혀를 사용한 폭력인 것이다. 이 거짓 증거는 나봇을 죽이고 예수 그리스도를 십자가에 못 박는 능력을 가지고 있었다. 그렇기에 잠언 19장 5절의 말씀에 대해 우리는 어떤 이의도 갖지 않는다. "거짓 증인은 벌을 면치 못할 것이요 거짓말을 내는 자도 피치 못하리라."

기만, 속임, 거짓말, 거짓 증거. 이 모든 것들은 사탄이 하나님의 영광을 가리는데 사용하는 우리 안의 죄된 속성들이다. 사탄은 이러한 거짓의 유형들을 통해 우리를 사탄의 조직망 속으로 끌어들이고 있는 것이다.

거짓은 사탄이 조장하는 모든 죄의 주된 재료이다. 자신의 외도를 감추기 위해 거짓말을 하며, 타인의 훌륭한 평판을 무너뜨리려고 사람들을 기만하고, 사업상의 우위를 얻기 위해 부당하게 속이며, 어떤 이기적인 음모를 이루기 위해 거짓 증인을 내세우고, 비리를 덮거나 조장하기 위해 진실을 외치는 자를 매수하는 것처럼 거짓은 이 모든 죄들의 밑바탕이 된다. 당신은 거짓말이 죄의 자연적 부산물 또는 동반자라고 생각하지 않는가? 거짓은 그야말로 사탄 조직의 피와 살이라 할 수 있다.

1995년 애리조나 주에서 새로운 법안이 통과 되었는데, 그 내용은 야채에 관한 거짓말이 퍼지는 것을 막기 위한 것이었다. "야채 혐오 범죄 법안"이라고 알려진 이 법안은 애리조나 주의 농장에서 생산된 야채에 관해 고의적으로 잘못된 내용을 퍼뜨리고 다니는 사람을 농부들이 고소할 수 있도록 한 것이다. 만약 우리가 다른 사람들에 관한 거짓말이 더 심각함을 생각할 수 있다면 얼마나 좋을까! 하지만 아쉽게도 많은 이들이 여전히 사람들에 대한 거짓말 보다 야채와 같은 생업에 관련된 거짓말에 더욱 민감한 반응을 보이고 있다

올리버 홈즈는 이 점에 대해서는 아주 적절한 말을 했다. "죄는 많은 도구를 가지고 있지만 거짓말은 그 모든 것을 적합하게 만드는 수단이다."

MALICIOUSLY SPEAKING

제3장

악의가 담긴 말

소문은 인생을 파멸 속으로 몰고 가는 열차이며, 험담과 중상모략은 그 소문이 돌아다니는 궤도이다.

험담과 중상의 궤도는 부주의함과 의도적으로 나쁜 소식을 전하려는 잡담으로 굳게 다져져 있다.

험담과 비방 - 파멸의 사촌들

● ● ●

'도시의 전설' 이라고 불리는 허풍들은 대부분 사실이라고 주장하지만 한 번도 입증된 적은 없다. 멕시코로부터 치와와 한 마리를 몰래 밀수하려던 여인의 이야기가 있었다. 그런데 몇 주가 지난 후 알고 보니 그것은 치와와가 아닌 커다란 쥐였다고 한다. 또 다른 한 남자의 이야기도 있다. 그는 숨을 헐떡이는 자신의 독일산 셰퍼드를 수의사에게 데려갔다. 그랬더니 그 개의 목에서 사람의 손가락이 발견되었다는 것이다. 그것은 지난 밤 그의 집을 침입했던 강도의 것으로 궁지에 몰리자 그가 황급히 달아났다는 것이다. 이 얼마나 황당하고 놀라운 이야기들인가! 이 시대에 어울리는 허풍인 셈이다.

　나도 수 년 전 이러한 '도시의 전설'을 처음으로 접한 적이 있다. 우리 교회 성도로부터 뉴욕에 가고 싶어 하는 두 아주머니의 이야기를 들었다. 그들은 뉴욕이 악의 소굴이라는 경고를 종종 듣곤 했다. 뉴욕은 강도나 강간이 성행하며 심지어 골목마다 살인범들이 노리고 있으니 가지 않는 것이 좋다는 말을 들었던 것이다. 그럼에도 불구하고 그들은 결국 뉴욕으로 향했다. 뉴욕에 도착한 그들은 도심의 아주 화려한 호텔에 들어가 수속을 마치고 객실로 올라가기 위해 엘리베이터를 기다렸다. 잠시 후 엘리베이터 문이 열렸는데 그 안에는 험상궂은 인상의 키 큰 남자가 타고 있었다. 그는 하얀 양복에 까만 선글라스를 끼고 있었고, 그의 옆에는 아주 무섭게 생긴 사냥개 한 마리가 가죽 끈에 묶인 채 서 있었다. 그 모습을 본 두 아주머니는 겁에 질려 서로의 얼굴을 쳐다보다가 간신히 엘리베이터를 타게 되었다. 그런데 엘리베이터 문이 닫히자마자 그 남자는 낮게 깔린 목소리로 "앉아"하고 명령하는 것이 아닌가? 그 순간 두 여인은 바닥에 풀썩 주저앉고 말았다. 잠시 후 엘리베이터가 멈추자 그 남자와 개는 주저앉은 두 여인을 남겨두고 유유히 사라졌다. 하지만 두 사람은 꼼짝도 못한 채 그런 자세로 자신들이 예약한 층까지 올라갔다는 것이다.

　며칠 후 호텔을 나가면서 계산을 하려는데, 그들의 방 값이 이미 지불되어 있었다. 그리고 지불된 그 계산서에는 다음과 같이 적힌 쪽지 한

장이 붙어 있었다. "아주머니 두 분은 제 일생에 있어서 가장 큰 웃음을 선사해준 분들입니다. 숙박료는 그에 대한 보답으로 제가 내겠습니다! 레기 잭슨."

이 이야기가 사실인줄 알았던 나는 이 내용을 친구들과 나누기를 매우 즐겨했었다. 많은 프로야구 선수들도 이 이야기를 그들이 들어 본 이야기 중 가장 재밌는 것이라고 말했다. 그러던 어느 날 저녁, 나는 부부 그룹 모임에서 강의하던 중 이 이야기를 하는데 갑자기 누군가가 이렇게 말했다. "저도 얼마 전 그 이야기를 '피플' 지(誌)에서 읽었습니다. 하지만 그건 헛소문이랍니다. 레기 잭슨은 그런 일이 없다고 단호하게 부인하면서 자신은 흰 양복을 한 번도 입어 본 적이 없다고 하더군요."그 순간 나는 몹시도 당황스러웠다. 내 입으로 헛소문을 퍼뜨린 현행범이 되고 말았기 때문이다.

그런데 더 끔찍스러운 것은 헛소문이 사람들을 파멸시킨다는 것이다. 최근에 플로리다 주의 한 병원 사무장의 열세 살 난 딸이 의사인 그의 어머니의 환자 명단과 전화번호부를 프린트하여 장난을 친 사건이 있었다. 환자들에게 전화를 건 그녀는 그들이 에이즈 바이러스 양성 반응이 나왔다고 거짓말한 혐의로 체포되었다. 그녀의 전화를 받은 사람 가운데 한 명이 발신자 번호를 경찰에 알려주며 신고했던 것이다. 경찰에서 조사를 받던 그 소녀는 단순히 장난을 친 것이라 말했지만, 전화를 받은 사람 중 60세 된 할머니 한 분은 자살을 시도했다고 한다. 다행히도 그의 가족들이 그녀가 총으로 자살을 시도하기 직전에 발견하여 만류함으로 참변을 면했다는 것이다.

소문이란 그것이 사실이든 아니든 간에 여러 가지 이유에서 파멸을 불러온다. 왜냐하면 돌이킬 수 없기 때문이다. 중세 시대에 한 젊은이가 수도사를 찾아와 다음과 같은 말을 했다고 한다. "저는 어떤 이를 거짓으로 비방하는 죄를 범했습니다. 제가 어떻게 해야 합니까?"

그러자 수도사는 "동네의 모든 집 현관 앞에 새 깃털을 하나씩 놓고 오시오"라고 대답했다.

젊은이는 즉시로 그 일을 행한 뒤 수도사에게 돌아와서 그가 해야 할 다른 일이 없는지 물었다. 그러자 수도사는 젊은이에게 "이번에는 다시 가서 그 깃털들을 모두 주워 오시오"라고 대답했다. 그 말을 들은 젊은이는 매우 흥분된 목소리로 말했다. "그것은 불가능합니다. 지금 저 부는 바람에 깃털들이 모두 날아갔을 텐데요!" 그러자 수도사는 나직한 목소리로 대답했다. "그렇소. 당신이 비방한 말도 다시 주워 담기란 불가능하오."

자기중심적 본능 여섯 가지

소문은 인생을 파멸 속으로 몰고 가는 열차이며, 험담과 중상모략은 그 소문이 돌아다니는 궤도이다. 험담과 중상의 궤도는 부주의함과 의도적으로 나쁜 소식을 전하려는 잡담으로 굳게 다져져 있다. 그러면 이러한 파괴적 질주를 하기 위한 연료는 어디로부터 공급되는 것일까? 악의가 담긴 말은 모든 죄의 기본 원천인 교만에서 비롯된다. 이러한 험담과 비방은 우리의 선천적인 본능을 적어도 여섯 가지 방법으로 만족시켜 주고 있다.

그 첫 번째는 호기심의 본능이다. 우리 가운데 어떤 이들은 선천적 호기심 때문에 새로운 화제 거리를 찾아다니며 귀를 기울인다. 많은 경우 우리의 호기심은 긍정적으로 사용될 수 있다. 하나님과 그의 뜻이 무엇인지를 알고자 하는 호기심은 우리에게 영적인 유익을 준다. 또한 신학자나 과학자, 발명가, 그 밖의 다른 전문가들은 그들 각자의 분야에서 새로운 것에 대한 호기심 덕분에 진보를 이루어 나가는 것이다. 그러나 우리의 호기심이 남에게 해가 되는 정보를 캐내거나, 거짓을 조장하고 퍼뜨리는 방향으로 사용된다면 그것은 호기심이 파괴적으로 사용된 것이다. 디모데전서 5장 13절에서 참견하기 좋아하는 사람(호기심을 자제하지 않는 사람)과 잡담 늘어놓기를 좋아하는 사람(자제 안 된 호기심이 캐낸 것을 나누는 사람)을 같은 맥락 속에 묶어 놓은 것은 결코 우연한 일이 아니다.

두 번째 본능은 위와 동일한 구절에서 발견할 수 있는데, 그것은 바로 게으름이다. 바울은 게으른 사람들이 악의 담긴 말을 하기 쉽다고 설명하고 있다. 젊은 과부들에 대한 언급에서 바울은 그들이 "게으르므로 이집 저집 돌아다닌다"고 말한다. 하지만 오늘날 우리는 더 이상 이집 저집을 돌아다니는 수고를 하지 않아도 된다. 많은 사람이 자신의 일에는 최선을 다하지 않고 게으른 가운데 휴대폰을 집어 들고 누군가와 통화하거나 인터넷에서 자신이 즐겨 찾는 대화방에 들어가 잡담을 하곤 한다. 험담과 비방을 하는데 있어서 더 이상 신체적 노력이 필요치 않게 된 것이다. 따라서 게으른 사람들은 더 쉽게 남을 비방하게 되었다. 하지만 책임감을 가지고 바쁘게 뛰어다니는 사람들은 다른 사람의 일에 참견할 만한 시간적 여유가 별로 없다.

세 번째는 남에게 주목받고 싶어하는 욕망이다. 그것은 중상과 험담을 위한 또 하나의 추진력으로서 우리는 흔히 남의 주의를 끌기 위해 다음과 같은 말을 사용한다.

- "너, 그 얘기 들어봤니?"
- "글쎄, 이건 정말 말하면 안 되지만…."
- "만약 네가 비밀을 지켜준다면…."

우리 가운데 몇몇은 사람들의 관심을 얻기 위해 그 내용을 과장한다.

하지만 그로 인해 적지 않은 이들이 뜻하지 않은 희생의 대가를 치르고 있다.

네 번째로 다른 사람 앞에서 자신을 과시하려는 본능은 우리로 하여금 종종 다른 이들을 깎아내리는 부정직 이야기를 하게 만든다. 누군가의 품위를 떨어뜨리는 말을 함으로서 자신이 그 사람보다 더 나은 사람이라 느끼고 싶기 때문이다. 그 순간 우리는 '적어도 나는 너처럼 형편없지는 않아!' 라고 생각하게 될 것이다. 윌 듀런트의 말처럼 다른 사람의 약점을 들춰내는 것은 자신을 칭찬하는 부정한 방법이다.

다섯 번째로 악의 담긴 말은 종종 과거의 쓰라린 상처에 의해 비롯된다. 용서하지 못하는 마음은 늘 복수를 향해 그 문을 열어놓고 있기에 비방이 그 복수의 도구로 사용되는 것이다. 치유되지 않은 상처는 실제로 우리에게 지난날의 화났던 일을 자꾸 떠올리게 하므로 그 대상을 비방하게 만든다. 따라서 그 상처로부터 벗어나기 전까지는 삶의 모든 관점이 비방하는 쪽으로 흐를 수밖에 없는 것이다.

여섯 번째, 우리는 자신의 불안감을 달래기 위해 부정적인 말을 하는 버릇이 있다. 다른 이의 불행이 비슷한 처지에 놓인 자신에게 위로가 되기 때문이다. 그렇기에 나쁜 소식은 빨리 퍼지지만 좋은 소식은 그렇지가 못하다. 뉴스 보도만 지켜봐도 알 수 있다. 좋은 소식보다는 불행한 사건 사고 보도가 훨씬 많다. 다른 이들에 대한 희소식은 자신의 문제에 대한 불안을 더 가중시킨다.

하나님의 말씀은 이런 파괴적 언어 형태를 묘사하는 데 여러 가지 용어들을 사용하고 있지만 크게 두 가지 종류로 나눌 수 있다. 첫 번째는 다른 이들의 성실함과 평판에 손상을 주는 '쓸데없는 잡담'이다(딤전 5:13; 6:20; 딤후 2:16). 이는 별다른 의도 없이 내뱉는 말실수에 불과하지만 언제나 그 대상에게 상처를 준다. 성경에서는 이런 일을 "수군거림" 또는 "한담"(잡담)이라고 표현하고 있다(시 41:7; 잠 20:19). 두 번째는 의도적으로 악의를 가지고 나쁜 소문을 퍼뜨리는 경우다. 성경은 이런 경우를 "비방"이라고 표현하였다.

잡　담

흙을 운반하는 중장비 회사의 사장인 르토뉴는 이런 이야기를 종종 하였다. "우리는 'G' 모델이라고 부르는 굴삭기를 보유하고 있는데, 어느 날 어떤 사람이 우리 판매원 중 한 사람에게 'G'가 무엇을 뜻하느냐고 물은 적이 있어요. 그 판매원은 꽤나 재치 있는 친구였는데, 얼마간 생각하더니 이렇게 대답했다는군요. '글쎄요, 제 생각이지만 'G'는 잡담(Gossip)을 뜻할 겁니다. 왜냐하면 잡담처럼 이 장비는 많은 흙덩이를 아주 빨리 옮겨 주거든요!"

잡담에 관한 히브리어와 헬라어 단어는 모두 생동적이다. 그 중 구약의 한 단어는 "두루 다니는 것"과 연관 지어 사용되었는데(잠 11:13), 바로 여기에서 "소문 퍼뜨리기"(tale bearing)라는 영어 단어가 유래된 것이다. 또 다른 히브리 단어는 "수군거림"(whispering)이 다툼을 일으키는 원인임을 보여주고 있다(잠 16:28; 18:8; 26:20, 22).

신약의 단어 또한 수군거림에 대해 같은 견해를 반영하고 있다. 한 사전 편찬자는 '수군거림'이라는 단어를 "어떤 이의 인격에 대한 비밀스런 공격"이라고 묘사하였다. 수군거림이라는 헬라어 단어를 발음하려면 먼저 '쉬-잇' 하는 소리를 내야 하는데, 이 소리는 종종 우리가 비밀스런 이야기를 할 때 사용하는 소리이다.

성경은 수군거림을 항상 부정적인 문맥에서 사용하고 있다. 그 내용은 비밀스런 대화나 개인 신상에 관한 정보, 또는 편을 가르거나 은밀히 저지른 부끄러운 일 등을 다루고 있다. 성경에서 수군거림이란 소문을 퍼뜨리는 죄에 대한 비유적인 표현으로서, 불행한 것은 이러한 수군거림이 항상 수다쟁이에 의해서만 행해지는 것이 아니라는 점이다.

하나님의 말씀은, 잡담하는 사람은 믿을 수 없으며 또한 비밀을 지키지도 못한다고 가르치고 있다(잠 11:13). 잡담은 종종 은밀한 정보를 누설한다. 잡담하는 사람은 자신의 이야기를 더욱 흥미롭게 만들려고 덧붙이는 경향이 있기 때문에 사실 신뢰할 만한 가치가 없다.

우리는 잡담하기 좋아하는 자를 가능한 한 피해야 한다(20:19). 잡담을 들으면 불필요한 정보를 우리 마음에 담아두게 되고, 이러한 부정적 생

잡담

각은 사탄이 역사하는 통로가 되기 때문이다. 우리는 들은 것을 누군가에게 말하기 마련인데, 잡스런 이야기도 한번 들어오면 곧 그것을 사람들에게 늘어놓게 된다.

잡담이란 혀를 통해 일어난 불에 기름을 붓는 것과 같다(26:20). 잡담은 무시하거나 잊어버리기 힘든 내용을 나누기 때문에 사람을 흥분하게 만들고, 그로 인하여 계속해서 분열과 다툼을 일으키는 무서운 힘이 있다(18:8, 26:22). 이러한 흥미스런 내용은 우리 안에 머무르면서 화제 거리가 된 사람의 인식과 평판을 영구적으로 더럽히고 만다. 서로 반목하게 하는 내용이 퍼지는 것을 막을 의지를 가지고 기도하기 시작할 때 그 싸움은 쉽게 사라지고 말 것이다.

잡담 중에 특히 험담은 가장 친한 친구 사이도 이간할 수 있다(16:28). 친구에 대한 좋지 못한 소문을 들었을 때, 그것은 당신과 그 친구 사이를 분열시키기 시작한다. 왜냐하면 불확실한 잡담이 의혹과 의심의 장벽을 세우기 때문이다. 반대로 만약 당신의 친구가 누군가를 당신 앞에서 험담한다면 당신은 그 친구의 성실함을 의심하게 될 것이다. 그 누군가를 험담한다는 것은 다른 이들 앞에서 당신을 험담할 수도 있다는 가능성을 보이는 것이기 때문이다.

험담은 하나님과 친구가 되는 자격을 스스로 박탈시키는 일이며, 자신이 하나님을 아는 지식이 부족한 사람임을 드러내는 일이다(시 15:3; 롬 1:28-30). 하나님은 모든 것을 아시며 감찰하시며 주관하시는 분이다. 그렇기에 우리는 우리에게 주어진 상황을 주님께 맡길 때만 평안을 얻을 수 있다. 우리가 그 하나님을 온전히 알게 된다면, 우리는 공의로 심판하시는 그분께(벧전 2:23) 소문을 맡겨 드릴 수 있으며 우리의 이웃을 우리 자신처럼 사랑할 수 있을 것이다(마 22:39).

우리 모두는 잡담해서는 안 된다는 것을 알고 있다. 그러나 "흥미로운 소식"(듣는 것과 말하는 것)에 대한 갈망은 여전히 남아 있다. 그래서 우리는 때때로 그 마음을 달래기 위한 다른 방법을 꾀하기도 한다. 윌 로저스는 이에 대해 "사람들이 소문을 싫어하는 유일한 때는 바로 자신에 대한 소문이 퍼질 때이다"라는 멋진 말을 남겼다.

비 방

잡담의 이웃 사촌은 비방이다. 잡담이 게으름이나 경망스런 수다의 문맥에서 기록되어진 반면, 비방은 남에게 상처가 되는 소식을 의도적으로 나누는 행위를 지적할 때 사용된다.

신구약 중간 시대의 유대인들은 비방하는 혀를 "제3의 혀"라고 불렀다. 그 이유는 비방하는 사람, 비방을 듣는 사람, 그리고 비방 당하는 사람 이 세 부류의 사람들에게 치명적인 영향을 입히기 때문이라고 한다.

구약에서 비방에 관하여 사용된 단어는(시 31:13; 잠 10:18, 25:10) 일반적으로 나쁜 소식에 대한 "객관적 입장"을 내포한다. 그것은 요셉이 형들의 악함을 아버지께 고했을 때(창 37:12) 사용되었으며, 10명의 정탐꾼이 약속의 땅에 대해 부정적인 평판을 했을 때 (민 13:32, 14:36-37)에도 사용되었다. 히브리 사전에 의하면 이 동일한 단어는 "비방함" 또는 누군가의 좋은 평판을 훼손시키는 의미로 번역 된다.

비방에 관한 다른 히브리어 단어는 말 그대로 "흠집을 내다" 또는 "비난하다"라는 의미를 가지고 있다(시 50:20). 재미있게도 구약에서 '발' 이란 단어는 "조사하다"와 "비방하다"라고 번역되는 두 단어의 어근이다. 속 들여다보이게도 어떤 이들은 자신의 번영을 위한 비방 거리를 더 얻기 위해 정보를 조사하고 다닌다. 히브리어 사전은 그것을 "비방자로서 악하게 애씀"이라고 기록하고 있다(삼하 19:27; 시 15:3). 신약에서 비방이라는 단어는 두 단어로 이루어져 있다. 그 하나는 "거스리다"이며 다른 하나는 "말하다"이다. 그러므로 비방하는 자는 다른 이를 거스려 말하는 사람을 의미한다(약 4:11; 벧전 2:1). 흥미롭게도 '악마 같은' 또는 '악마적인' 이란 단어를 킹제임스 성경은 "참소"라고 번역하고 있으며, NIV 성경은 "악한 재담꾼"(Malicious talker)이라고 번역하고 있다. 바울서신을 보면 집사의 아내는 남을 비방하는 말(문자 그대로 악마적인)과 악의가 담긴 말을 해서는 안 된다고 기록되어 있다(딤전 3:11).

비방에 대한 몇 가지 미묘한 차이를 살펴봄으로, 우리는 비방이 나쁜 말을 통해 어떤 이의 평판을 훼손시키거나 흠을 내는 특징이 있다는 것

을 알 수 있다. 성경은 이러한 비방을 사악하고도 불경건한 마음이라고
규정하고 있다(시 50:16-23; 롬 1:28-30). 비방은 하나님의 법에 직접적으로 위
배되는 명백한 범죄 행위이다(레 19:16).

> "형제들아 피차에 비방하지 말라 형제를 비방하는 자나 형제를 판단하는 자는
> 곧 율법을 비방하고 율법을 판단하는 것이라 네가 만일 율법을 판단하면 율법
> 의 준행자가 아니요 재판자로다 입법자와 재판자는 오직 하나이시니 능히 구
> 원하기도 하시며 멸하기도 하시느니라 너는 누구관대 이웃을 판단하느냐 "
> (약 4:11-12).

비방은 우리로 하여금 하나님의 벗이 되는 자격을 박탈당하게 만든다
(시 15:1-3). 하나님께서 사랑하시는 자들과 되찾기 원하시는 자들을 우리가
말을 통해 실족시킨다면, 우리는 하나님의 벗이 아니라 그분의 뜻을 거
스르는 원수가 되고 말 것이다. 이처럼 비방하는 일은 하나님과 우리 사
이를 멀어지게 하며, 하나님께서 우리의 삶 속에 우리로 침묵케 하는 사
역을 불러일으킬 것이다(시 101:5). 만일 우리가 비방하기를 그치지 않는다
면, 하나님은 그의 은혜로 징계하사 우리를 고난 중에 침묵하게 만드실
것이다(잠 3:11-12).

어느 늦은 밤, 나는 라디오에서 나오는 설교를 듣고 있었다. 그 설교
자는 몇몇 교인이 그리스도의 증거를 손상시키는 말을 한 것에 대해 다

음과 같은 말로 비난하였다.

"나는 왜 배고픈 사람이 먹을 것을 위해 도둑질 하는지를 이해합니다. 그리고 나는 왜 의붓 어머니가 집을 나가게 되는지도 이해합니다. 그러나 나는 내가 아는 어느 기독교인이 어떻게 그런 말을 할 수 있었는지에 대해서는 도저히 이해할 수 없습니다. 만일 내가 하나님이라면, 나는 당장에 그를 식도암에 걸리도록 만들었을 것입니다!" 나는 하나님께서 그 설교를 어떤 의도로 사용하셨는지는 잘 모르겠다. 그러나 하나님께서는 우리를 잠잠하도록 인도하는 많은 창조적 방법을 가지고 계심을 확신한다.

우리는 누군가를 비방함으로 남은 여생을 비방자로 낙인 찍혀 사는 위험을 초래할 수도 있다(잠 25:9-10). 또한 비방은 부메랑처럼 자신에게도 비방이 되돌아오게 한다(30:10). 왜냐하면 비방은 그것을 들은 사람과 비방을 당한 사람 모두에게 분노를 일으키기 때문이다.

여러분은 누군가에게 이런 말을 들어 본 적이 있는가? "나는 네가 그들에 대해 그런 말을 하리라고는 생각지도 못했어." 이 얼마나 당황스럽고도 부끄러운 말인가! 이처럼 다른 사람을 비방하는 일은 자신이 비방자라는 비난을 받게 만드는 일이며, 또한 누군가가 자신을 비방할 가능성을 제공하는 일이 되고 만다. 여러 가지 파괴적 사건의 배경을 살펴보면 비방이 그 주된 원인이었음을 알 수 있다. 다윗은 공모(음모)나 책략이 비방의 파괴적인 동료들이라고 말했다(시 31:13). 비방은 그 자체가 불신, 의심, 과장, 교만으로 둘러싸여 있다. 그렇기에 비방은 영적으로 성숙하기 원하는 신자와 하나님께 영광 돌리기 원하는 신자에게는 합당치 않은 요소이다.

사회적 통념

잡담과 비방은 명백히 하나님의 선하신 뜻에 위배되는 일이다. 그럼에도 불구하고 그 악한 말이 왜 이렇게 널리 행해지고 있을까? 아마도 그것은 '좋은 변명들'로 정당화되었기 때문일 것이다. 몇 가지 사회적 통념이 이러한 험담의 사교적 행위를 둘러싸고 있는데, 그것을 용인하는 것은 우리의 대화 속에 암적 요소가 성행하도록 돕는 일이 될 것이다.

변명이 되는 첫 번째 통념은 비방과 잡담이 여성의 범죄라는 생각이다. 비록 성경의 두 구절 모두가 비방과 잡담의 죄를 여성에게만 관련시켜 언급한 것은 사실이지만(딤전 3:11, 5:13) 남자가 여자처럼 범죄하지 않는다는 개념을 언급한 곳은 성경 그 어느 곳에도 없다. 단지 차이가 있다면 남자는 그런 일들을 "열변을 토하는 것"이나 "사업상의 이야기", 또는 더 그럴듯한 표현으로 "문제를 풀어나가는 것"이라고 부른다는 점이다.

두 번째 통념은 만일 그 이야기가 사실이라면 말해도 좋다는 생각이다. 진실이 최상이라는 것은 분명하다. 문제는 그 소식이 사실이냐 거짓이냐가 아니라 그것이 해를 끼치는 것인지, 또는 비밀을 요하는 것인지에 있는 것이다. 성경은 우리의 말에 대한 더 완벽한 기준을 제시해주고 있다. "이러므로 우리가 화평의 일과 서로 덕을 세우는 일을 힘쓰나니"(롬 14:19), "무릇 더러운 말은 너희 입 밖에도 내지 말고 오직 덕을 세우는 데 소용되는 대로 선한 말을 하여 듣는 자들에게 은혜를 끼치게 하라"(엡 4:29).

세 번째 통념은 함께 기도하기 위해서 민감한 내용을 서로 나누는 것을 정당하게 생각하는 것이다. "이 문제는 기도가 많이 필요해." 라는 미명하에 얼마나 많은 잡담과 비방이 행해지고 있는지 모른다. 스스로 경건하다고 생각하는 우리 그리스도인도 이러한 파괴적 대화에 자신도 모르게 참여하고 있는 것이다.

네 번째 통념은 더 친밀한 관계를 바라는 은밀한 욕구와 관련되어 있다. 웬일인지 우리는 다른 사람에 대한 비밀스런 이야기나 좋지 못한 이야기를 나누는 일이 어떤 사람과의 친목을 더 깊게 해줄 것이라고 생각한다. 실제로 어떤 관계들은 함께 이야기 나눌 공동의 적이 없다면 결코 존재할 수 없는 경우도 있다. 그러나 우리가 이미 배웠던 바대로 이러한 대화의 버릇은 그들의 관계를 깊게 할 수 없으며, 결국은 서로 분열되고 말 것이다(잠 16:28).

다섯 번째 통념은 내 이야기를 들은 사람이 분명 어느 누구에게도 그것을 말하지 않을 것이라는 생각이다. 그러나 결국 그들은 말해서는 안 될 것을 말하게 된다. 바로 당신이 그랬던 것처럼! 그러니 더 이상 누구를 믿을 수 있겠는가?

잡담과 비방을 어떻게 다루어야 할 것인가

우리는 이러한 통념들을 벗어버리고 "위협을 주는 소문에 대해 우리가 어떻게 해야 합니까?"라고 하나님께 요청해야 한다. 하나님의 말씀은 이 문제의 해결을 위한 네 가지 방안들을 제시하고 있다.

1. 하나님께 기도로써 아뢰며 문제를 모두 맡기라(벧전 5:7).

경우에 따라서 우리의 능력으로는 극복하거나 해결할 수 없는 문제들도 있다. 이러한 문제를 누구와 상의해야 하는가? 오직 하나님뿐이시다.

2. 좋지 못한 소문의 주인공이 된 사람에게 온유한 심령과 회복시키려는 마음으로 직접 찾아가라(마 18:15; 갈 6:1).

불행하게도 소문의 주인공은 종종 소문을 가장 나중에 듣게 된다. 누군가의 말처럼 "나는 장안의 화제였지만 그 일에 대해서는 전혀 모르고 있었어"라는 경우는 흔히 있는 일이다. 그 사람의 입장을 들어본다면 우리는 그 이야기에 대한 새로운 시각을 갖게 될 수도 있을 것이다.

3. 상황을 바로 잡을 수 있는 권위 있는 분께 찾아가서 그 문제를 의논하라(마 18:15-17; 롬 13:1-5).

창세기 9장 말씀에 술 취한 채 벌거벗고 자는 노아에 대한 가족의 반응이 자세히 기록되어 있다. 이는 우리의 의무를 아주 실제적으로 설명해 주는 말씀이다. 홍수 이후, 노아는 포도주를 마시고 만취하여 장막 안에서 벌거벗은 채 잠이 들고 말았다. 그 때, 아들 함이 아버지의 하체를 보고 밖에 나가서 두 형제에게 이야기하였다(창 9:22). 그러나 다른 두 형제들은 다른 반응을 보였다. 그들은 담요를 가지고 가서 장막으로 뒷걸음질 쳐 들어가 아버지의 하체를 보지 않고 그를 덮어 주었다(23절). 후에 노아는 그의 지혜로운 아들들을 축복하고, 나머지 한 아들을 저주하였다. 흥미진진한 잡담을 퍼뜨리는 몇 초간의 즐거움 때문에 아버지를 평생 불쾌하게 만들 수 있음을 잊지 말아야 한다.

우리는 함과 같이 다른 사람의 부끄러움을 폭로할 수도 있고, 셈과 야벳처럼 다른 사람의 부끄러움을 덮어 주는 사랑을 보일 수도 있다. 장기적으로 볼 때, 더 지혜로운 선택은 다른 사람들을 할 수 있는 한 보호해 주는 것이다. "사랑은 모든 허물을 가리우느니라. 허물을 덮어 주는 자는 사랑을 구하는 자요 그것을 거듭 말하는 자는 친한 벗을 이간하는 자니라"(잠 10:12, 17:9).

1991년 중국의 어느 가정에서 오래도록 끊이지 않던 다툼이 한 농부에 의해서 갑작스럽게 끝난 일이 있었다. 그의 아내와 아버지는 서로를 좋게 여기지 않았다. 그랬기에 그는 중간에서 많은 곤란을 겪었다. 어느 날이었다. 그 날도 앞뒤에서 서로를 한참동안 비방하는 말을 들었다. 늘 어느 한쪽 편을 들기 어려웠던 그는 자포자기에 빠져서 가위로 그의 혀를 자르고 말았다. 이러한 극단적인 행동을 추천하는 것은 아니지만, 우리는 남에 대해 잡담하거나 비방하는 일에 끼어들지 않기 위해서 우리의 혀를 금해야 할 필요가 있다. 물론 다른 사람들과 함께 어울려 대화할 기회를 잃는 고통이 따를 것이다. 하지만 좋지 못한 대화를 나누고 있을 때, 침묵하는 것은 가장 좋은 선택임에 틀림없다.

만일 우리가 대화에서 잡담과 비방을 뿌리 뽑지 않는다면, 우리는 서로를 물고 뜯는 사회적 식인종이 되고 말 것이다. 우리 중 누군가가 다른 이에 대한 비방을 할 때에 그것을 그냥 듣고만 있는다면, 우리는 "네 이웃을 네 몸과 같이 사랑하라"하신 천국의 진리로 사는 대신에 "네 이웃을 잡아 먹으라"는 세상의 방식으로 사는 것이라 할 수 있을 것이다.

"형제들아 너희가 자유를 위하여 부르심을 입었나니 그러나 그 자유로 육체의 기회를 삼지 말고 오직 사랑으로 서로 종노릇하라. 온 율법은 네 이웃 사랑하기를 네 몸 같이 하라 하신 한 말씀에 이루었나니 만일 서로 물고 먹으면 피차 멸망할까 조심하라 "(갈 5:11-15).

이제 우리의 선택은 명백하다. 우리는 모든 소문에 대해 함께 떠들어

댈 수도 있고, 그에 따라 뒤에서 남을 헐뜯는 일에 동참할 수도 있다. 그러나 반대로 사랑과 실천을 통해 우리의 입술을 깨끗하게 지킬 수도 있다. 이는 오직 하나님의 자녀들에게 있는 참된 자유에 합당한 일이다. 당신이 아는 누구에게나 말해 주라. 두 번째 선택이 우리 입에 더 좋은 맛을 남겨줄 것이라고 말이다.

제4장

입 안의 자아

자아를 제어하지 않고 방치할 때 우리는 혀를 통해 적어도 3가지의 죄를 범하게 되는데, 그것들이 바로 자랑과 아첨과 과장이다.

자랑, 아첨, 과장

자아! 사람은 누구에게나 이것이 있다. 우리가 자신에게 관심을 기울이는 것은 바로 이러한 자아가 있기 때문이다. 자아는 우리로 하여금 인정을 받고 만족을 추구하게 하는 강한 내적 욕구이다. 자아는 우리 안에 존재하는 가장 강력한 추진력 가운데 하나이다. 그러므로 자아가 우리의 입을 통해 모습을 드러내는 것은 극히 자연스러운 현상이다.

남자들이 자신의 자아를 더욱 공개적으로 드러내려는 경향이 강하지만, 여자에게도 그들 나름대로의 자아가 있다. 만약 우리에게 이러한 자아가 없다면, 아무도 자신의 역할을 제대로 감당해 낼 수 없을 것이다. 우리가 성공이나 자신의 외적인 모습에 관심을 기울이고, 자신에 대해 자긍심을 갖기 위해서는 어느 정도의 자아가 필요한 것이 사실이다. 그러나 자아에는 그것을 제어할 수 있는 요소가 반드시 필요하다. 성경은 우리에게 하나님의 말씀과 우리 안에 거하시는 성령께서 바로 그러한 제어 역할을 위한 요소가 된다는 것을 말하고 있다(엡 5:18). 자아가 성령의 다스림을 받을 때 그것은 하나님의 손안에서 매우 효과적인 도구가 된다. 다시 말해, 그것은 영적인 성공과 하나님께서 기뻐하시는 일, 그리고 믿음 안에서의 형제자매를 섬기는 것에 관심을 기울이게 될 것이다.

그러나 자아를 통제하지 않고 마음대로 활동하도록 방치할 때 우리는 여러 가지 어려운 문제에 빠지게 된다. 그러한 문제들 가운데 일부는 바로 우리의 입을 통해서 나타난다. 자아를 제어하지 않고 방치할 때 우리는 혀를 통해 적어도 세 가지의 죄를 범하게 되는데, 바로 자랑과 아첨과 과장이다.

자 랑

자랑은 비교적 자주 사용되는 사교 행위 가운데 하나이다. 분위기가 무거운 모임에서는 종종 자신에 대해 과장하여 표현하거나 보다 낫게 말하는 자들로 인해 분위기가 한층 더 부드러워지는 경우가 있다. 그래서 자랑하는 사람은 자신과 자신의 업적에 대한 이야기를 쉬지 않고 계속해서 말한다.

겉으로 볼 때 자랑은 해롭지 않은 오락거리로 보일지 모른다. 다시 말해, "자랑할 것이 있으면, 얼마든지 자랑해도 좋다."는 식으로 말이다. 우리들 가운데는 자기가 자신을 칭찬하지 않으면, 아무도 자기를 칭찬해 주지 않을 것이라고 생각하는 사람들이 있다.

이처럼 얄팍한 핑계에도 불구하고 자랑은 사람을 사회적으로 매장시키는 수단이 될 수 있다. 자신이 아닌 다른 사람의 관심사를 나누는 것이 대화의 기본 원리이다. 그런데 자랑하는 자는 자기가 영광을 누리는데 관심을 집중하므로 하나님께 영광 돌려야 할 구원의 목적을 약화시킨다(고전 6:19-20). 자랑하는 자들에게서는 다음과 같은 세 가지의 모습이 예리하게 지적된다.

부풀려진 제로 (0)

"아무 일에든지 다툼이나 허영으로 하지 말고 오직 겸손한 마음으로 각각 자기보다 남을 낮게 여기고"(빌 2:3). "허영"이란 말은 "헛되다"는 뜻과 "영광"을 의미하는 두 개의 헬라어 단어에서 유래되었다. "허영"은 우리의 "헛된 것"을 부풀려 자랑하고자 하는 마음에서 비롯되는 "헛된" 영광에 지나지 않는다. 하나님께서는 우리의 죄악된 본성에는 선한 것이 아무 것도 거하지 않는다는 사실을 말씀하고 계시다(롬 7:18). 하나님을 떠나서는 우리의 아무리 훌륭한 노력도 "더러운 옷"과 같이 무가치하다(사 64:6). 예수님은 "나를 떠나서는 너희가 아무것도 할 수 없음이라."(요 15:5)고 말씀하셨다. 우리가 자신에게 영광을 돌리는 것은 자신의 "헛된" 것을 자랑하는 것에 불과하다. 우리는 빈 수레가 요란하다는 사실을 기억해야 한다.

제로(zero) 상태는 그것을 아무리 부풀릴지라도 여전히 제로이다. 우리가 자신을 자랑하는 것은 자신의 공허함을 확대시키는 것에 불과하며, 그것이 바로 허영이다. 우리의 삶과 수고와 모든 소유는 그리스도를 통해 그 안에 거할 때만 의미가 있다. "내가 그리스도와 함께 십자가에 못 박혔나니 그런즉 이제는 내가 사는 것이 아니요 오직 내 안에 그리스도께서 사신 것이라. 이제 내가 육체 가운데 사는 것은 나를 사랑하사 나를 위하여 자기 자신을 버리신 하나님의 아들을 믿는 믿음 안에서 사는 것이라."(갈 2:20). 그러므로 우리 안에서 선한 것이 이루어지는 것은 내가 아니라 그리스도로 말미암는 것이다.

필자의 신학교 동기 가운데 달라스(Dallas)에 있는 은행에서 금전 출납원으로 근무하는 사람이 있었다. 그런데 하루는 그가 자신의 창구에 앉아 몇 가지 서류 업무를 마무리하다가 우연히 우리 학교의 히브리어 담당 교수가 바로 옆 창구에 있는 것을 보았다. 용무를 마친 교수는 창구에서 물러나 자기가 받은 돈을 세어보았다고 한다. 그때 자기가 실제보다 훨씬 많은 돈을 받은 사실을 깨달은 교수는 창구 직원에게 다가가 사실을 말했다고 한다.

돈을 확인한 여직원이 "어머, 어쩌면 그렇게 정직하셔요."라고 말하자, 교수는 조심스럽게 "그것은 제가 정직한 것이 아니라, 예수 그리스도께서 저의 인생을 바꾸어 놓으셨기 때문이지요."라고 답변했다고 한다.

자기 안의 모든 선한 것이 그리스도로 말미암은 것이라는 사실을 알았던 교수는 그 영광을 지혜롭게 하나님께 돌렸다. 그러나 자랑하는 사람에게는 그러한 개념이 없다.

떠돌이 돌팔이 의사

오래 전 미국 서부에서는 지붕이 달린 마차가 마을로 찾아 다니며 짐 칸에서 어떤 병이든 치료할 수 있다는 만병통치약을 꺼내 파는 일이 흔히 있었다. 한 병만 마시면 폐결핵에서 통풍에 이르기까지 모든 병을 깨끗이 낫게 할 수 있다는 것이었다. 순진한 사람들이 속아서 약을 사고 나면 마차는 해가 질 무렵 어디론가 유유히 사라졌다.

미국 역사의 초기에 약을 선전하며 돌아다니던 주술사들은 실제 자기들이 할 수 있는 이상의 치료를 자랑하며 사람들을 미혹했다. 그런데 성경은 그러한 자들을 가리켜 허탄한 자랑꾼으로 규정한다.

야고보서 4:16절에 "자랑"으로 번역되어 있는 말의 문자적 의미는 "떠돌이 돌팔이 의사"를 뜻한다. 허풍쟁이는 자기가 할 수 없는 것들을 자

랑하고, 지킬 수 있는 것보다 훨씬 많은 것을 약속한다. 우리는 이러한 모습을 다음과 같이 말하는 자들과 연관시켜 생각할 수가 있다. "오늘이나 내일이나 우리가 아무 도시에 가서 거기서 일년을 유하며 장사하여 이를 보리라"(13절). 하지만 우리에게는 우리가 할 수 있는 것이든, 그렇지 않은 것이든 그것을 조종할 수 있는 궁극적인 능력이 없다. 모든 주권을 갖고 우리의 삶을 인도하시는 분은 하나님뿐이시다. "너희가 도리어 말하기를 주의 뜻이면 우리가 살기도 하고 이것 저것을 하리라 할 것이거늘"(15절). 이것은 우리가 하나님을 우리 삶의 모든 문제에 대한 진정한 주관자로 인정하는 표현이다.

만약에 우리가 어떤 것에 성공한다 해도, 그것은 하나님의 치밀하고 지혜로운 계획에 의한 것이다. 이때 우리가 자신의 능력을 자랑한다면, 그것은 하나님이 계시지 않다고 말하는 것과 같은 것이며, 그것은 자랑하는 자가 범하는 어리석은 행위이다. "이러한 자랑은 다 악한 것이라."(16절).

하나님의 영광을 빼앗는 자

가장 저급한 수준의 자기중심적인 성향 가운데 하나는 다른 사람에게 돌아가야 할 영예를 가로채는 행위이다. "칭찬할 만한 사람을 칭찬하는 것"은 올바른 언어 표현의 기본 원리를 보여준다. 또한 이 격언은 하나님께서 자랑하는 것을 왜 그리도 심각한 범죄 행위로 간주하시는

 혀를 다스리는 지혜

지를 알게 해 준다.

우리가 세상에 존재하는 가장 근본적인 목적은 하나님의 영광을 드러내기 위해서이다. 하나님께서는 우주와 이스라엘 백성, 당신의 말씀, 그리스도, 그리고 인류와 신자들을 통해 당신의 영광이 드러나도록 계획하셨다. 우리는 우리의 생각과 행위를 통해 하나님의 성품과 신분을 증거하므로 그분을 영화롭게 할 수 있다. 바울은 고린도 교회의 신자들에게 다음과 같이 말하였다. "너희 몸은 너희가 하나님께로부터 받은바 너희 가운데 계신 성령의 전인 줄을 알지 못하느냐? 너희는 너희의 것이 아니라 값으로 산 것이 되었으니 그런즉 너희 몸으로 하나님께 영광을 돌리라"(고전 6:19-20).

나는 하나님께서 모세에게 가나안 땅 입성을 허락하지 않으신 이유에 대해 종종 궁금할 때가 있었다. 그것에는 단순히 홧김에 반석을 내리친 것 때문이 아니라 그 이상의 이유가 있었음이 분명하다. 시편 106:33절은 모세가 "그 입술로 망령되이 말하였음이로다."라고 말하고 있다. 우리는 민수기 20장에서 모세가 이스라엘 자손을 향해 "이 반석에서 물을 내랴"(10절) 하고 말한 것을 읽게 된다. 모세는 하나님께 돌려야 할 영예를 자기가 취했던 것이다. 모세에게 약속의 땅에 들어가는 것이 허락되지 않은 것은 그가 하나님의 영광을 가로챘기 때문이다.

「사이칼러지 투데이」(Psychology Today)지는 미국 국민의 도덕 지수에 관한 조사에서 설문에 참여한 사람의 95퍼센트가 "다른 사람의 업적에 대한 명예를 가로채는 것은 비윤리적인 행위"(James Hassett, "But That Would Be Wrong", Psychology Today, November 1981, p. 34)라는 견해를 갖고 있다는 사실을 발견했다고 한다. 우리의 상대론적인 문화가 이러한 문제에 대해 그렇게도 민감할진대, 우리는 우리 안에 역사하시는 하나님의 영광을 가로채는 것에 대해 그분께서 과연 어떻게 보실지를 가히 상상할 수 있다.

헤롯은 자신을 신과 같다고 칭송한 사람들의 영광을 받아들이므로 즉각 죽음을 당하였다. "헤롯이 영광을 하나님께로 돌리지 아니하는 고로 주의 사자가 곧 치니 충이 먹어 죽으니라"(행 12:23).

구원 사역을 이루기 위한 모든 것이 하나님의 역사로 말미암아 되었다는 사실은 참으로 놀라운 은혜가 아닐 수 없다. 하나님께서는 만약에 우리가 구원을 받는데 있어 뭔가 기여할 수 있다면, 그것에 대해 자랑하게 되리라는 것을 아셨다. 우리가 자신의 구원에 대해 자랑할 수 없는 것은 하나님께서 그것을 "행위에서 난 것이 아니니 이는 누구든지 자랑치 못하게"(엡 2:9) 하셨기 때문이다.

지금까지 살펴본 것처럼 자랑에 대한 세 가지의 묘사에는 하나님께서 마땅히 받아야 할 그분의 위치가 부인되고 있음을 알 수 있다. 우리의 무가치한 것만을 부풀린 나머지 하나님의 역사가 완전히 무시되고 있다. 마찬가지로 우리가 자신의 능력을 자랑하는 것은 우리의 삶 가운데 역사하시는 하나님의 보호와 통치를 인정하지 않는 것이 된다.

이러한 면에서 하나님의 말씀 가운데 기록되어 있는 경건치 않은 자들의 특징에 종종 자랑하는 자가 포함되어 있다는 사실은 지극히 당연한 일이다. 로마서 1:30절에 열거되어 있는 비방하는 자와 하나님을 미워하는 자, 능욕하는 자, 교만한 자 등 경건치 않은 자들의 무리에도 자랑하는 자가 포함되어 있다. 바울은 마지막 때 있을 경건치 않은 자들의 특징에 대해 다음과 같이 묘사하고 있다. "사람들은 자기를 사랑하며 돈을 사랑하며 자긍하며 교만하며 훼방하며 부모를 거역하며 감사치 아니하며 거룩하지 아니하며"(딤후 3:2).

"여호와여 보수하시는 하나님이여 보수하시는 하나님이여 빛을 비취소서. 세계를 판단하시는 주여 일어나사 교만한 자에게 상당한 형벌을 주소서. 여호와여 악인이 언제까지, 악인이 언제까지 개가를 부르리이까 저희가 지꺼리며 오만히 말을 하오며 죄악을 행하는 자가 다 자긍하나이다"(시 94:1-4). 성경은 우리에게 자랑할 것이 있을 때는 하나님 안에서 자랑해야 한다고 지시하고 있다.

"내가 여호와를 항상 송축함이여 그를 송축함이 내 입에 계속하리로다. 내 영혼이 여호와로 자랑하리니 곤고한 자가 이를 듣고 기뻐하리로다. 나와 함께 여호와를 광대하시다 하며 함께 그 이름을 높이세"(시 34:1-3). 하나님 안에서 하는 이러한 자랑은 그것이 의로울 뿐 아니라, 다른 사람들에게 용기를 준다. 반면에 자신에 대한 자랑은 그와 같은 축복을 누리지 못하는 자들에게 상처를 줄 수 있다.

내가 처음 목회 사역을 시작했을 때, 하나님께서는 내게 기대 이상의 놀라운 축복을 허락하셨다. 나는 목회자들의 모임에 참석하여 나의 사역에 대한 이야기를 들려 달라는 부탁을 받은 적이 있었다. 다른 사람들의 감정에 대해 깊이 생각하지 않은 나는 진행되고 있는 좋은 일들에 대해서만 말하고 있었다. 하지만 나는 그러한 말이 다른 목회자들, 특히 규모가 작거나 어려움 가운데 있는 교회나 교회가 분열되어 힘들어하고 있는 목회자들에게 좌절감을 주고 있다는 사실을 곧 깨닫게 되었다. 물론 말이 끝날 때마다 가끔씩 하나님께 영광을 돌리기는 했지만, 나는 자신에 대해 자랑하는 말을 계속해서 늘어놓고 있었다. 마침내 하나님께서 내게 이러한 사실을 깨우쳐 주셨을 때, 나는 "주 안에서 자랑하는 것"을 통해서만이 동료 목회자들에게 목회 차원에서 용기를 줄 수 있다는 것을 알게 되었다. "주님은 우리에게 신실하십니다." 나 "그분께서는 우리에게 지혜를 주십니다."와 같은 말은 누구에게나 공감대를 형성해 줄 것이다. 나는 다시금 화제를 목회자들이 필요로 하는 것에 맞추므로 그들을 격려할 수 있었다.

아 첨

"아첨으로 통하지 않는 것은 없다."는 옛 속담은 단순히 지어낸 말 이상의 진리가 담겨 있다. 사람의 혀가 갖고 있는 기술 가운데 아첨보다 교묘하고, 자신을 만족시켜 주는 것이 없을 것이다. 아첨은 혀를 통해 다른 사람의 마음을 미혹하여 사로잡는 것으로 일종의 최면 능력과 같은 것이다.

아첨은 다른 사람의 특정한 행동이나 미덕 또는 삶 가운데서의 훌륭한 점을 칭찬하므로 자기에게 빚진 자가 되게 만든다. 그러한 칭찬은 사실일 수도 그렇지 않을 수도 있다. 아첨은 동기에 있어 진정한 칭찬이나 치하와는 분명히 구분되는 것으로 자신의 유익을 위해 다른 사람을 교묘하게 속이는 칭찬이다.

아첨하는 자의 말에는 적어도 네 가지의 기만하는 능력이 있다. 아첨을 통해서 얻게 되는 유익 가운데 하나는 관심(attention)을 *끄는* 것이다. 만약에 내가 주일학교의 토의 시간에 당신이 행한 훌륭한 역할을 칭찬한다면 아마 당신은 내게 관심을 기울일 것이다. 당신은 나를 보고 미소를 지으며 고마워할 것이다. 이러한 이유에서 사람들 중에는 과도한 칭찬도 아끼지 않을 만큼 관심을 얻는 것에 목말라하는 자들이 있다.

자기가 칭찬을 받기 위해 아첨하는 자들도 있다. 다른 사람에게 자기의 새 옷에 대해 칭찬해 줄 것을 요구하는 사람은 아마 없을 것이다. 그러나 칭찬을 얻어내기 위해서 다른 사람의 옷에 대해 마음에 든다고 칭찬할 수는 있다. 아첨은 다른 사람을 적극적으로 칭찬하므로 자기에게도 칭찬이 돌아오게 한다.

아첨하는 자는 말의 힘을 빌려 다른 사람을 부추긴다. 부도덕하고 비윤리적이며 동료 의식을 해치는 일이 아첨하는 자의 머리 속에서 만들어진다. "정말 대단한 미인이시네요. 당신의 헤어스타일이 굉장히 마음에 듭니다.", "당신은 사람을 보는 눈이 아주 뛰어나시군요.", "우리 남편도 당신처럼 그렇게 부드럽고 센스가 있었으면 좋겠어요."와 같은 말은 모두가 아첨하는 자의 혀 속에 얽혀 있는 그물이다. 사무엘 존슨(Samuel Johnson)의 말처럼, "인간은 마치 손잡이가 달린 돌항아리 같아서 그것의 귀를 잡으면 당신이 원하는 곳은 어디든 끌고 다닐 수가 있다."

아첨하는 자는 또한 호감을 얻기 위한 수단으로 그것을 사용한다. 사람은 누구나 다른 사람으로부터 존경과 호감을 얻기 원한다. 진정한 호감은 다른 사람으로부터 존경을 받을 때 임한다. 그러나 안타깝게도 사람들 중에는 아첨을 통해 호감을 살 수 있다고 생각하는 자들이 있다. 진정한 존경과 돈독한 인간관계를 위한 지름길이란 없다. 아첨은 다른 사람으로부터 존경과 호감을 살 수 있는 가능성을 오히려 망치고 손상시킬 뿐이다.

아첨이란 죄는 경건치 않은 것과 신실치 못한 것, 억압, 교만, 그리고

모든 사악하고 악한 것들과 관련되어 있다. "여호와여 도우소서 경건한 자가 끊어지며 충실한 자가 인생 중에 없어지도소이다 저희가 이웃에게 각기 거짓을 말함이여 아첨하는 입술과 두 마음으로 말하는도다 여호와께서 모든 아첨하는 입술과 자랑하는 혀를 끊으시리니 저희가 말하기를 우리의 혀로 이길지라 우리 입술은 우리 것이니 우리를 주관할 자 누구리요 함이로다"(시 12:1-4).

시편 5:9절에 '아첨' 으로 번역된 말의 문자적인 의미는 '말을 부드럽게 한다' 는 뜻이다. 아첨하는 자는 번지르르한 말을 하는데, NIV 성경은 본 절의 아첨이란 말을 '속이다' 란 의미의 deceit로 번역하고 있다. 아첨은 부드럽고 교활한 말로 남을 속이는 행위이다. 따라서 아첨은 분별하는 것이 결코 쉽지 않다. 부드러운 속임은 대부분의 사람들이 특히 아첨을 좋아한다는 점에서 몇 배나 더 위험스럽다.

시편 5:9절은 또 아첨하는 사람의 말은 신뢰할 수 없다는 것을 진술하고 있다. "저희 입에 신실함이 없고." 9절의 마지막 부분은 아첨하는 자의 목구멍을 가리켜 마치 열린 무덤과 같다고 말하고 있다.

아첨에는 파괴시키는 영이 있다. 우리가 자신의 유익을 위해 다른 사람을 조종하거나 이용하려 할 때, 우리는 이미 그들을 파괴시키기 위한 작업을 시작하는 것이다. 아첨하는 자는 상대를 교만하게 하고 미혹의 덫에 빠지게 하므로 그를 파괴시킨다.

시편 기자는 8절에서 이러한 위험성을 인정하였다. "여호와여 나의 원수들을 인하여 주의 의로 나를 인도하시고 주의 길을 내 목전에 곧게 하소서." 본 절의 '원수'란 말은 '거짓말하기 위해 숨어서 기다리는 자'를 뜻한다. 우리는 "이웃에게 아첨하는 것은 그의 발 앞에 그물을 치는 것이니라"(잠 29:5)는 하나님의 경고에 유의해야 한다.

물론 이것은 긍정적인 말이 필요하거나 칭찬을 받아야 할 사람에게까지 진정한 칭찬이나 격려 혹은 찬사의 말을 해서는 안 된다는 것을 의미하지 않는다. 중요한 것은 동기이다. 다시 말해, 그 사람을 칭찬하는 이유가 무엇이냐? 하는 것이다. 그것이 사심이 없는 사랑에서 비롯된 행동과 격려와 찬사의 말이라면, 그것은 아첨이 아니라 진정한 칭찬이 될 것이다.

하나님을 영화롭게 하는 칭찬은 교만과 유혹의 덫으로부터 다른 사람을 보호해준다. "저는 하나님께서 당신에게 그처럼 담대한 마음을 주신 것에 대해 그분께 감사합니다."라거나 "제게 당신과 같은 훌륭한 남편을 주신 하나님이 감사하죠." 혹은 "하나님께서는 당신에게 찬양을 통해 나의 목회 사역을 돕도록 특별한 은사를 주셨어요." 등과 같은 말은 아첨과는 거리가 먼 진정한 칭찬의 말이다.

<h1 style="text-align:center">과　　장</h1>

"나는 지금 과장하고 있는 게 아니라 사실을 좀 늘려서 말할 뿐입니다."라고 말한 사람이 있다. 과장이란 사람의 감정을 자극하고 흥미를 유발시키거나 기만하기 위해 거짓말하는 것을 의미한다. 낚시꾼에서 정치가에 이르기까지 혀를 통해 자신의 자아를 충족시키려는 경향에서 예외적인 사람은 아무도 없다.

이러한 유형의 거짓말이 우리 주위에는 매우 만연해 있다. 우리 중에는 사람들의 관심을 끌기 위해 과장하는 사람들이 있다. 당신은 이야기 도중 갑자기 청중의 흥미가 식어지고 있는 것을 경험한 적이 있는가? 우리는 이야기를 극적이고 재미있게 하기 위해 거의 무의식적으로 활력을 불어넣는 말을 한다. 처음에는 단순히 상처 난 발가락에 대해 말하다가 그것을 여러 번 반복해서 말하다 보면 나중에는 다리에 치명적인 암이 걸렸다고 말하게 된다. 이야기가 점점 발전하는 것이다. 이처럼 우리는 이야기를 보다 재미있게 하려고 조금씩 활력적인 요소를 첨가하다가 마침내는 그 이야기를 터무니없게 만든다.

당신은 누군가를 당신이 원하는 쪽으로 이끌기 위해 과장된 표현을 사용한 적이 있는가? "당장 이리 오지 않으면 혼날 줄 알아." 이것은 화난 부모들이 사용하는 매우 뛰어한 수법의 과장된 표현이다. 화가 날 때는 우리가 상대에게 겁주거나 기를 꺾기 위해 종종 과장된 표현을 하므로 자신의 분노를 표출한다. 사드락과 메삭과 아벳느고에게 분노한 느부갓네살 왕은 풀무 불의 온도를 평소보다 7배나 뜨겁게 하라고 명령하였는데, 이것이 과장의 재미있는 한 예가 된다(단 3:19). 풀무 불은 예전의 상태로도 충분했지만, 화가 난 느부갓네살은 매우 과장된 반응을 보였던 것이다.

우리는 때로 자신은 물론 다른 사람들로 하여금 자신에 대해 보다 좋은 느낌을 갖게 하기 위해 과장을 하는 경우가 있다. 예를 들면, '간신히' 3파운드 밖에 나가지 않는 농어를 잡은 낚시꾼이 사람들에게 그것이 '최소한' 3파운드는 나갈 것이라고 말하는 것이다. 그리고 1년에 50,000달러의 수입을 올리는 사업가는 친구들에게 자기의 연간 수입이 100,000달러를 조금 밑돈다고 말한다. 세일즈맨에게는 이것이 특별한 유혹의 대상이 된다. 세일즈맨에게 있어 판매 실적을 높이기 위해 제품의 우수성을 과장해서 말하는 것은 거절하기 힘든 유혹이다.

어느 해 여름 나는 목수와 함께 일한 적이 있다. 그런데 어쩌다가 내가 나무 판자를 너무 작게 자르면, 그는 "그것을 늘이면 될 것 아닌가?"라고 말하곤 하였다. 그것은 물론 나무를 늘일 수 없다는 것을 농담으로 표현한 것이었다. 마찬가지로 우리는 사실도 그것을 늘이는 것이 불가능하다는 것을 기억하지 않으면 안 된다. 사람들 중에는 어떠한 사실에 대해 마치 공작용 찰흙을 주무르는 것처럼 자기 마음대로 늘리려 하는 자들이 있다. 문제는 진실을 과장하는 것 자체가 그것을 파괴시키는 결과

를 초래한다는 데 있다.

과장은 성공적인 관계의 두 요소인 믿음과 신뢰를 깨뜨린다. 그것은 우리를 향한 하나님의 뜻을 위반하는 행위이다. 우리가 자신의 유익이 아니라 하나님과 다른 사람을 섬기기 위한 목적에 쓰임 받도록 자아를 희생할 때, 우리는 남을 돕고 상처를 싸매 주는 말을 하게 될 것이다. 그 때서야 우리는 시편 기자처럼 "나의 반석이시요 나의 구속자이신 여호와여 내 입의 말과 마음의 묵상이 주의 앞에 열납 되기를 원하나이다"(시 19:14)라고 말할 수 있을 것이다.

CROSS WORDS

제5장

까다로운 말

우리의 말은 마치 다재다능한 스위스 군용 칼처럼 화난 감정을 표현하는데 능수능란하다. 우리는 짜증, 소리 지름, 잔소리, 비판, 격한 말 등을 통해 불만을 종종 표출한다. 그러한 다양한 말로 다른 사람을 찌르거나 파멸시킬 수 있다.

불평과 논쟁적인 말

어느 날 저녁, 부엌에서 도배를 하던 때의 일이다. 나는 도배지, 풀, 물통, 붓, 방수 외투 등 도배를 위한 모든 것을 준비한 뒤 벽지 한 장을 발라서 붙이기 시작했다. 그런데 갑자기 등 뒤에서 물 엎질러지는 소리가 들려왔다. 뒤돌아보니 역시 아까부터 염려했던 상황이 벌어져 있었다. 막내 아들인 매튜가 한 쪽 발을 물통에 빠뜨리는 바람에 바닥이 온통 물바다가 되고 만 것이다. 걱정 어린 그의 두 눈은 나를 빤히 쳐다보며 어쩔 줄 몰라했다. 순간 나는 노여움을 주체하지 못하고 그만 고개를 내저으며 "이 얼간아"하고 소리를 질렀다.

그 즉시 아이는 울음을 터뜨렸다. 나로부터 나온 그 두 마디의 격한 말은 그 어린 마음에 비수처럼 깊숙이 박혔고, 그의 소중하고 사랑스런 가치에 손상을 주고 말았다. 더 이상 엎질러진 물이 문제가 아니라 우리 두 사람의 관계가 문제였다. 나는 아들에게 이 아빠의 말과 마음이 잘못 표현되었으며 여전히 너를 이 세상에서 가장 사랑스런 일곱 살짜리 아이로 생각한다고 이해시켜야 했다. 그래서 나는 그를 품에 안고 한참이나 안심시키는 위로의 말을 해주었다.

우리의 말은 마치 다재다능한 스위스 군용 칼처럼 화난 감정을 표현하는데 능수능란하다. 우리는 짜증, 소리 지름, 잔소리, 비판, 격한 말 등을 통해 불만을 종종 표출한다. 그러한 다양한 말로 다른 사람을 찌르거나 파멸시킬 수 있다. 잠언은 이러한 혀의 성향에 대해 다음과 같이 말하고 있다. "혹은 칼로 찌름 같이 함부로 말하거니와 지혜로운 자의 혀는 양약 같으니라"(잠 12:18). 또한 시편 기자는 우리의 혀가 "날카로운 칼"이나 "뱀"과 같다고 기록하고 있다(시 57:4; 140:3).

그 밖에 우리는 여러 가지 이유로 까다로운 말(cross words)을 사용한다. 여기에 그에 대한 가장 흔한 이유들을 나열해 본다.

- 분노. 분노는 내적 폭발과 같은 것으로 항상 그 배출구를 필요로 한다. 일반적으로 그 배출장치는 우리의 혀가 담당하고 있다. 그렇기에 종종 화가 난 사람들은 분노를 쏟아 놓을 대상을 찾기 위해 시

비를 건다.

- 흥분. 날카로운 말은 누군가가 우리의 평온한 삶을 방해할 때 일어 나는 흥분에서 비롯된다.

- 실망. 어떤 사람이나 상황에 대해 실망하게 될 때, 우리의 말은 그 것을 곧 반영하게 되는데, 이는 기대가 깨짐으로 인해 상처를 받 기 때문이다.

- 조급함. 조급한 마음은 주어진 상황 속에서 무엇이 적절한지를 생 각하기도 전에 말을 쏟아 놓도록 자제력을 잃게 하는 성향이 있다.

- 스트레스. 정서적으로 과중한 부담을 안고 사는 사람일수록 안정되고 편안한 환경 속에서 사는 사람보다 갑자기 화를 내는 경향이 많다.

- 불안. 불안한 사람일수록 상대방에게 자신의 힘을 보여주면서 안정 을 되찾으려고 날카롭고, 위협적이며, 비판적인 말을 자주 사용한 다. 하지만 불행하게도 그러한 말은 인간 관계를 약화시키며 불안 감만 더욱 가중시킬 뿐이다.

- 죄책감. 범죄자는 자신의 범죄가 드러나게 될 때, 종종 과격한 반 응을 일으킨다. "네가 그래 놓고서 왜 날 쳐다봐?", "그래, 너 참 잘났다!" 이런 비꼬는 말은 죄책감을 가진 사람들이 자신의 감정을 숨기기 위해 기교적으로 사용하는 말이다.

하나님의 말씀은 이러한 부정적 요인들이 우리의 말 속에서 일반적으로 두 가지 방식에 의해 나타난다고 지적하고 있다. 하나는 불평하는 언어적 범죄이며, 다른 하나는 논쟁적인 말이다.

불 평

　내게는 아주 신실한 신앙을 가진 의사 친구가 한 명 있다. 어느 날 그와 함께 그의 가족에 대한 이야기를 나누면서, 나는 그의 자녀들이 모두 훌륭하게 자랐으며, 기쁨으로 그리스도께 헌신하며 지역 교회를 열심히 섬기고 있음을 알게 되었다. 그 친구는 무엇보다도 자녀들이 믿음 안에서 잘 자란 준 것에 대해 감사하며 기뻐하고 있었다. 세 아이의 아버지인 나는 그의 자녀들의 신앙 성공의 비결이 무엇인지가 몹시 궁금했다.

　나의 궁금증에 대해 그는 이렇게 답했다. "내 아내와 나는 결혼하면서 한 가지 맹세한 것이 있다네. 그것은 우리 아이들 앞에서 절대로 교회나 교회의 지도자, 그리고 그리스도 안의 다른 형제, 자매에 대해서 불평이나 비난을 하지 않기로 한 것일세." 본질적으로, 그는 남들에 대해 불평하지 않기로 헌신한 것이다.

　투덜댐은 어떤 상황이나 사람을 향해 부정적 태도를 품게 만드는 불평의 한 형식으로서, 이는 당신 앞에서 느리게 운전하는 초보 운전자를 향한 짜증으로부터 당신의 삶에 문제를 허용하신 하나님께 대한 원망에 이르기까지 계속 이어지는 경향이 있다. 이러한 불평에서 나타나는 공통적 요인은 비판적인 마음이다. 이러한 불평은 매우 심각한 상처를 입힐 가능성을 사방에 퍼뜨리는 일이며, 하나님의 뜻을 정면으로 도전하는 일이기도 하다.

현명하게도 나의 친구는 하나님의 하시는 일이나 하나님의 사람에 대한 불평이 하나님과 그분의 계획에 대한 직접적인 반항임을 알고 있었던 것이다. 어떤 자녀가 자신의 부모가 늘 불평하는 교회나 목회자에게 헌신하고 싶겠는가? 현명한 부모라면 자신의 주변에 일어난 불합리한 일에 관하여 사랑과 중보의 기도를 해야함을 가르치고 친히 모범을 보일 것이다. 그러나 하나님의 백성들에 대해 불평하는 것을 어린 자녀들이 듣게 된다면, 그것은 자녀들로 하여금 나중에 하나님께 반항할 수 있는 변명거리를 주는 셈이 되고 말 것이다.

성경 여러 부분 중에 약속의 땅을 향해 광야 길을 가는 이스라엘 자손의 경우만큼 불평에 대해 생생하게 묘사한 곳은 없을 것이다. 그들이 약속의 땅 변경에 이르렀을 때, 열두 명의 정탐꾼이 그 영토의 상황을 탐지하기 위해 파견되었다. 그 중 열 명의 정탐꾼은 돌아와서 그들이 본 것에 관해 다음과 같은 부정적 보고를 하였다. "우리는 능히 올라가서 그 백성을 치지 못하리라. 그들은 우리보다 강하니라. 우리가 두루 다니며 탐지한 땅은 그 거민을 삼키는 땅이요 거기서 본 백성은 신장이 장대한 자들이며 거기서 또 네피림의 후손 아낙 자손 대장부들을 보았나

니 우리는 스스로 보기에도 메뚜기 같으니 그들의 보기에도 그와 같았
을 것이니라”(민 13:31-33). 나머지 두 정탐꾼인 여호수아와 갈렙도 역시 같
은 것을 보고 왔을 것이다. 그러나 그들은 하나님께서 능히 이스라엘을
저들의 손에서 건지실 것임을 믿었기에 전진해 나갈 것을 권고하였다.

이 이야기는 우리에게 몇 가지 교훈을 준다.

1. 불평은 하나님의 전능하심을 불신하게 만든다.

열 명의 정탐꾼의 보고는 그들의 불신앙적인 견해를 드러낸 것이다.
그러나 하나님은 바다를 열어 그들을 건지셨으며, 하늘에서 만나를 내려
먹이셨으며, 반석에서 물을 내사 마시게 하셨다. 또한 광야길 가는 동안
이스라엘을 대적한 강한 군대들을 격파하셨다. 그리고 그 당시 지구에서
가장 강력한 제국이었던 애굽의 압제로부터 해방시켜 주셨다. 분명 하나
님은 새 땅에 들어가는 약속을 이루시기 위해 그 어떠한 문제라도 해결
하는 분이셨던 것이다.

2. 불평은 부정적으로 말하는 상황에서 일어난다.

좋지 못한 소문을 퍼뜨리는 언어적 범죄(기만, 잡담, 중상모략, 거짓 증거)는 불평
이 무성할 수 있는 환경을 조성한다. 어떤 사람은 항상 좋지 못한 일들
에 귀를 기울이며, 그로 인해 그것에 대한 불평거리를 늘 품고 산다.

3. 불평하는 마음은 잘못된 결론을 성급하게 내린다.

불평에 사로잡힌 이스라엘 백성은 그들이 당한 상황에 대해 하나님을 비난했으며, 심지어는 애굽으로 돌아갈 계획까지 세웠다(14:3). 실제로 하나님은 모든 것을 하실 수 있었다. 그러나 일단 불신앙으로 인한 불평이 퍼지기 시작하자, 너무도 쉽게 잘못된 결론을 내리게 된 것이다. 불평과 기만은 손에 손을 맞잡고 함께 역사하는 법이다.

4. 잘못된 판단은 불평하는 분위기 속에서 무르익는다.

불평하던 이스라엘 백성은 차라리 애굽에서 죽는 것이 나을 뻔했다고까지 말했다. 애굽으로 되돌아가려는 그들의 성급한 마음은 심지어 불평을 그치고 하나님을 신뢰하자고 촉구하던 여호수아와 갈렙을 돌로 쳐 죽이려고까지 했다(14:10). 불평은 정확한 분별력을 왜곡시키고 만다.

5. 불평은 자기 연민에 빠지게 한다.

"우리가 애굽 땅에서 죽었거나 이 광야에서 죽었더면 좋았을 것을…"(2절). 불평하는 자들은 종종 자신이 매우 비참한 사람이라고 느낀다. 한번 돌이켜 보라. 우리가 얼마나 자주 자신을 학대하며, 혹사하며 풀이 죽게 만들고 있는지를.

6. 불평은 두려운 마음에서 일어난다.

여호수아와 갈렙은 두 번씩이나 백성들을 향해 두려워 말라고 호소하였다(9절). 그러나 불리한 여건에 대한 그들의 두려움은 자제력을 잃게 하였고 그들의 심중에 불평의 불꽃을 불러 일으켰다. 그들에게 그 상황은 통제 불가능한 것이었으므로 공포와 불안을 느끼는 것은 당연하다. 그러나 그들은 하나님을 잊고서 두려워했던 것이다.

7. 억제되지 않은 불평은 언제나 반역을 낳는다.

여호수아와 갈렙은 불평하는 이스라엘 자손들에게 "여호와를 거역하지 말라"고 촉구하였다. 그러나 이스라엘 자손들은 새로운 지도자를 세우려 했고, 그들의 반역적인 계획에 반대하는 사람들을 돌로 치려했다. 비판과 불평과 원망으로 가득 찬 그들의 말이 반역을 위한 최상의 조건을 만들어 낸 것이다.

8. 불평하는 마음은 결국 모든 사람을 불만스런 분위기에 빠뜨린다.

비판과 불평은 불만을 이끌어낸다. 열 명의 정탐꾼의 불평은 이스라엘 백성들로 하여금 하나님께서 그들에게 비참한 운명을 부여하셨다고 착각하게 만들었으며, 그 결과 이스라엘 전체가 극심한 불만에 빠지고 말았다. "다수의 평가"(Majority reports)라고 해서 항상 사실이라고 볼 수는 없다. 많은 사람들이 불평했다고 해서 꼭 그들의 생각이 옳은 것은 아니다. 그럼에도 불구하고 우리는 종종 상황의 겉만 보고 공포와 불안을 느끼는 경향이 있다. 이처럼 불평은 군중의 마음을 쉽게 미혹시키는 힘이 있다.

이스라엘 자손에게 내려진 하나님의 심판은 매우 즉각적이었으며 종말적이었다. 그들의 불평은 하나님의 존재와 능력과 지혜와 영광을 입으로 훼손시킨 범죄 행위였다. 그 결과 그들은 약속의 땅을 보지 못했으며, 광야에서 죽기를 바라던 그들의 잘못된 소원대로 광야에서 일생을 마치고 말았다.

신약은 불평을 일으키는 몇 가지의 상황을 예를 들어 설명하고 있다. 요한복음 6:41-43은 바리새인들의 무지와 이해의 부족이 불평을 이끌어 냈음을 언급하고 있다. 사도행전 6:1은 기분 상하는 일이 불평을 일으킬 수 있음을 증명하고 있다. 매일 구제받는 일에서 헬라파 과부들이 무시 당하는 일이 생기자, 이로 인해 헬라파 교인들은 히브리파 교인들을 원망하였다. 베드로전서 4:9은 억지로 봉사하는 마음이 불평의 동기가 된다고 지적하고 있다. 또한 바울은 다음과 같이 말했다. "모든 일을 원망과 시비가 없이 하라. 이는 너희가 흠이 없고 순전하여 어그러지고 거스리는 세대 가운데서 하나님의 흠없는 자녀로 세상에서 그들 가운데 빛들로 나타내기 위함이라"(빌 2:14-15). 이 간곡한 권면은 "너희 안에서 행하시는 이는 하나님이시니 자기의 기쁘신 뜻을 위하여 너희로 소원을 두고 행하게 하신다"(13절)는 충고 뒤에 이어진 것으로서, 자원하는 마음으로 일해야 하는 우리 그리스도인의 자세를 늘 되돌아보게 한다. 우리 안에 거하시는 하나님의 현존과 능력은 충만한 원동력이다. 그것은 불평 없이 어려움과 맞설 수 있는 능력을 공급해준다.

불평은 항상 믿음 없는 가운데 행해지는 일로서, 하나님 안에 있는 우리의 잠재적 능력을 망각하게 만든다. 또한 불평은 하나님께서 어떠한 환경이라도 다스리실 수 있음을 믿지 않는 태도이다. 그러한 태도는 하나님께서 우리의 삶 속에서 언제나 최상의 일을 하신다는 것과 당신의 영광을 나타내기 위해 부정적 환경도 사용하실 수 있다는 것을 인정하지 않으려 한다.

그렇다면 과연 불만을 표현하는 일이 정당해질 수는 없는가? 물론 우리의 마음이 믿음 가운데 견고하여 항상 하나님의 인도하심을 받는다면 그럴 수도 있다.

다음의 세 가지 방법은 우리의 불평이 건설적일 수 있도록 도울 것이다.

1. 기도하라

시편 기자는 종종 그가 겪는 문제들에 대하여 하나님께 불평하였다. 하지만 그것은 하나님의 능력과 사랑, 그리고 그분의 신실하심을 확신하는 가운데 행해진 것이다. 우리는 기도를 통해서 우리의 문제들을 하나님께 맡길 수 있다. 이 맡김은 우리의 문제들을 하나님이 직접 해결해 주시거나 우리를 사용하셔서 해결하실 때까지 넉넉히 기다릴 수 있는 평안을 갖게 한다.

해결에 도움이 되지 않는 사람들과 문제를 의논하는 것은 단지 불만을 자극할 뿐이며, 오히려 문제를 더 어렵게 만든다. 권위 있는 사람을 찾아가서 당신의 참 뜻과 바람을 의논하며 도움을 요청하라. 그리고 당신의 마음을 열고서 그가 제시하는 의견을 들으라.

만일 사람들이 불평거리를 가지고 당신에게 찾아왔다면, 그들이 자신들의 생각을 전부 쏟아놓기 전에 그들로 하여금 권위 있는 분에게 찾아가 보라고 권하라. 비록 그들의 말을 잘 들어주면 서로 상처 받을 일은 없겠지만, 많은 경우 그들은 자신들의 불평거리에 동조할 사람들을 찾아다닌다. 절대로 그들의 분쟁이나 다툼에 휘말리지 않도록 조심하라.

논쟁적인 말

어느 늦은 밤, 마차를 타고 집을 향해 가는 한 쌍의 노부부가 있었다. 그들은 한 평생을 함께 지냈지만 애정 없는 결혼생활을 해왔다. 그들의 마차를 끄는 한 쌍의 말은 하나의 채에 묶인 채 달빛을 따라 유유히 달리고 있었다. 그 모습을 지켜보던 부인은 말들이 다정하게 마차를 끄는 모습이 부러웠는지 갑자기 연애시절의 추억이 떠올랐다. 그녀는 남편 곁으로 바싹 다가앉아 팔짱을 끼고서 말들이 얼마나 멋지게 협력하여 달리는지를 칭찬했다. 그 말을 들은 남편은 잠시 생각하더니 천천히 이렇게 말했다. "하나의 채에 묶인 말들처럼 우리가 서로 말이 통했더라면 아마 우리도 저럴 수 있었을걸."

논쟁적인 말은 그 어떤 관계에서든 다툼과 원한, 그리고 분열을 일으킨다. 논쟁적인 말에 관한 성경의 언급은 대체로 몇 개의 히브리 단어에서 유래되었는데, 그것들은 모두 "이유가 있다"는 의미를 갖고 있다. 비록 그 단어들이 선하고 건설적인 이유에서 사용되기도 했지만, 대개의 경우는 부정적이고 복수심에 불타는 마음에 그 이유를 가지고 있다. 이러한 경우, 그 단어들은 말다툼, 분쟁, 불평, 논쟁 등으로 번역된다.

하나님의 말씀은 논쟁적인 말의 원인들을 아주 잘 묘사하고 있다. 미움(잠 10:12)과 '분을 쉽게 내는 자'(15:18)는 분명 다툼의 근원이다. 잠언 30장 33절은 다음과 같이 재미있는 표현으로 분노가 논쟁적인 말의 원인이 됨을 가르치고 있다. "대저 젖을 저으면 버터가 되고 코를 비틀면 피가 나는 것 같이, 노를 격동하면 다툼이 남이니라." 탐심은 다툼의 또 다른 요인이다(28:25). 사람들은 종종 인간관계에 불화를 일으킬 수 있다는 것은 생각지 않고 자신의 유익에만 열중하는 성향이 있다. 장난감을 많이 가지고 있으면서도 함께 나누어 놀기를 싫어하는 아이는 친구들의 마음에 다툼이 일어나게 한다. 이런 아이는 대부분 다른 아이의 장난감을 가지고 노는 아이와 상대하지 않으려 한다. 어른들의 경우도 마찬가지이다. 아이들의 장난감을 단지 돈이나 재산으로 바꾸어 비교할 수 있다. 이처럼 논쟁적인 말은 항상 탐욕스런 마음에서 비롯됨을 알 수 있다.

창세기 13장의 말씀은 논쟁이 비좁은 장소와 충분치 못한 공급에서 발생함을 지적하고 있다. "아브라함의 일행 롯도 양과 소와 장막이 있으므로 그 땅이 그들의 동거함을 용납지 못하였으니 곧 그들의 소유가 많아서 동거할 수 없음이라 그러므로 아브람의 가축의 목자와 롯의 가축의 목자가 서로 다투고 … 아브람이 롯에게 이르되 우리는 한 골육이라 나나 너나 내 목자나 네 목자나 서로 다투게 말자"(창 13:5-8). 비록 우리가 방목지 때문에 싸우는 일은 없지만, 비좁은 사무실이나 방이 모자라는 가정, 그리고 경쟁이 심한 관계에서는 종종 논쟁의 말이 오갈 수 있을 것이다.

지위나 명예에 대한 욕망도 논쟁의 바탕이 된다. '거물급 인사'가 되려는 성향은 심지어 열두 제자들에게도 있었다. 주님의 사역을 3년 동안이나 따라다니며 배웠지만 제자들은 여전히 하나님의 나라에서 누가 가장 큰 자가 될 것인가를 놓고 서로 다투었다(눅 22:24). 실제로 그 일은 주님께서 십자가에 못 박히시기 전 날 밤, 만찬을 갖던 다락방에서 있었던 대화의 주제였다. 비슷한 다툼이 또 있었는데 그것은 야고보와 요한의 어머니가 예수님을 찾아와 자신의 아들들을 다가올 왕국의 가장 높은 자리에 앉혀 달라고 부탁했을 때 일어났다. 다른 열 명의 제자들은 그 말을 듣고서 그 일을 매우 분하게 생각했다(마 20:20-28).

잠언 23장에서 우리는 술 취한 자에게 분쟁이 있다는 것을 읽을 수 있다(29-30절). 알콜이나 마약의 문제로 인해 수많은 가정과 관계가 기쁨의 말 대신에 논쟁으로 얼룩져 있는 것을 종종 보게 된다.

논쟁의 다른 형태는 잔소리이다. "다투는 여인과 함께 큰 집에서 사는 것보다 움막에서 혼자 사는 것이 나으니라"(잠 21:9). 더 읽어 내려가다 보면 다음의 말씀도 발견하게 된다. "다투며 성내는 여인과 함께 사는 것보다 광야에서 혼자 사는 것이 나으니라"(19절).

우리는 종종 잔소리의 심각성을 가볍게 여기는 경향이 있다. 하지만 절대 가볍게 여겨서는 안 될 이유를 나는 몇 년 전의 재판에서 확인했다. 수 년 전 시카고 지방 법원에서 아내를 살인한 죄로 재판을 받던 어느 남편의 증언을 들었는데, 그는 자신이 술에 취한 것을 놓고 아내가 잔소리를 한 것 때문에 살인했다고 말했다. 잔소리로 인해 다투던 중, 몹시 화가 난 아내가 머리빗을 그에게 던졌고, 순간 이성을 잃은 그는 45구경 권총으로 아내를 살해하고 말았다고 했다. 물론 그들 부부 사이에는 더 깊은 문제들이 있었겠지만, 이 우발적인 비극의 시작은 잔소리에서 비롯된 것임을 잊지 말아야 한다.

남편들도 잔소리할 수 있겠지만, 대부분의 가정주부는 자신을 쉽사리 화나게 하는 까다로운 문제들을 안고 있기에 더 많은 잔소리를 하게 된다. 주부는 가족의 협조가 요구되는 많은 일에 책임을 지고 있기 때문이다. 예를 들면, 집안의 청결 유지, 식구들의 옷을 말쑥하게 입히는 일, 자녀를 비교적 깨끗하고도 훌륭하게 교육시키는 일 등이 여기에 속한다. 주부는 이러한 일들이 조금이라도 흐트러지면 주변 사람들로부터 쉽사리 비난을 듣게 된다. 이러한 책임에도 불구하고 가정주부는 아내라는 그 역할의 특성으로 인해 통제력이 제한되어 있다. 그래서 마음에 상처를 입거나 실망하기가 쉽다. 아내는 남편이 적어도 정신적으로나마 자신의 생활과 관심거리에 대해 함께 대화를 나누며 참여해주기를 바란다. 아내는 아이들의 행복과 가정의 영적인 풍토 조성을 위해 남편과 의논하고 싶어 한다. 그러나 이러한 기대가 이루어지지 않을 때, 아내는 자신의 바라는 바를 알리기 위한 수단으로 잔소리를 하는 것이다. 다행스럽게도 성경은 이러한 어려움을 극복할 수 있는 여러 방법을 우리에게 제시해 주고 있다. 그러나 하나님의 놀라운 방법을 발견치 못하는 아내와 엄마에게는 잔소리가 그저 유일한 수단일 것이다.

논쟁의 가장 심각한 결과는 분열과 불일치이다. 다툼과 시비와 논쟁은 항상 분열을 일으킨다. 하나님께 있어서 하나 됨의 연합은 상당히 중요한 의미를 갖고 있다(요 17:11). 교회와 가정은 모두 하나님의 참 모습으로서의 연합을 반영해야 한다(고전 12:12-31; 엡 5:22-23). 논쟁적인 말로 인해 교회와 가정에 분열이 일어난다면, 우리의 하나 됨의 기쁨이 사라질 뿐만

아니라 우리 가운데 거하시는 하나님의 모습도 깨지고 말 것이다. 실제로 잠언 6장을 보면 그리 잘 알려지지 않은 구절이지만 '여호와께서 미워하시는 일곱 가지 일' 가운데 마지막으로 지적된 것이 "형제 사이를 이간하는 자"(잠 6:19)임을 확인할 수 있다.

고린도전서 3장 3절에서, 바울은 고린도교회 교인들 가운데 시기와 분쟁이 있음을 책망하였다. 책망과 더불어 그는 뒷부분에서 그리스도의 몸 된 교회가 서로 협력하는 가운데 한 몸으로 일해야 함을 설명하였다(12:12-31). 여러분은 혹시 사람의 몸이 여러 조각으로 잘라졌음에도 그 역할을 제대로 하는 것을 본 적이 있는가? 그리스도 안에서 한 몸 된 형제간의 분열은 하나님의 모습을 파괴하는 일이다.

얼마 전, 나는 닭을 판매하려고 준비하는 정육점 주인을 지켜본 일이 있는데, 그는 크고도 날카로운 칼을 손에 쥐고 아주 일정한 속도로 내리쳐서 순식간에 닭을 열두 조각으로 만들어냈다. 논쟁의 말은 바로 정육점의 커다란 칼과 같은 것이다. 그래서 결국은 분열을 일으키고야 만다.

가정에 있어서도 마찬가지이다. 하나님은 그리스도와 교회와의 관계를 신랑과 신부의 관계로 예를 들어 설명하신다. 그리스도께서는 결코 그의 신부인 교회로부터 자신을 분리하지 않으신다. 그분의 조건 없는 사랑과 받아주심은 하나 되게 하는 요인이며, 교회를 향한 하나님의 사랑의 말씀은 치유와 성장을 촉진시킨다. 그럼에도 불구하고 논쟁으로 인해 가정에서 우리의 마음이 분열된다면 그것은 하나님께서 예를 드셨던 그리스도와 교회와의 관계를 훼손시키는 일이 될 것이다.

"분열시키라. 그러면 정복될 것이다"라는 말은 영적인 면에서도 예외가 아니다. 하나님의 사람들 사이의 분열은 우리의 존귀함과 즐거움, 그리고 평안을 사단이 정복할 수 있도록 헤주는 엄청난 일이다. 불평과 논쟁의 파괴적 영향은 사도 바울이 말했던 것처럼 하나님의 사람들에게 그리스도 안에서의 확신과 용기를 갖게 하는 말들로 반드시 변화되어야 한다.

"무릇 더러운 말은 너희 입 밖에도 내지 말고 오직 덕을 세우는 데 소용되는 대로 선한 말을 하여 듣는 자들에게 은혜를 끼치게 하라 "(엡 4:29).

제6장)))

외설어 삭제

우리 사회는 갈수록 외설어를 큰 문제로 여기지 않는다.

하지만 우리 그리스도인들은 하나님의 말씀이 우리의 말에 대한 절대적인 기준을 세워놓으셨음을 기억해야 할 것이다.

하나님의 이름을 망령되게 사용하는 말과
외설적인 말

● ● ●

미국의 닉슨 대통령 당시에 벌어진 워터게이트 사건에서 도청된 테이프의 녹취록이 언론에 공개되면서 "외설어 삭제"(expletives deleted)라는 신종 용어가 처음으로 등장하였다. 이는 닉슨 대통령과 그의 보좌관들이 사용했던 말 가운데 몇몇 단어들이 그대로 옮겨지는 것을 정부나 언론이 원치 않았기 때문이다. 그 이후로 "외설어 삭제"라는 말은 부적절한 말과 관련된 일상 용어가 되었다.

이는 우리 문화의 슬픈 단면이지만, 그럼에도 불구하고 이런 비속어들은 더 이상 우리의 귀에 별로 거슬리지 않는 것이 사실이다. 방송심의위원회에서 금지하고 있는 단어나 표현들이 황금시간대의 오락 프로그램에서 버젓이 사용되고 있는 것이 오늘날의 현실이다. 많은 사회적 규범이 그렇듯이, 언어 예절도 절대적인 것이 아니라 상대적으로 직용되고 있기 때문이다.

사람들의 마음을 조종하고 자극해야 하는 직업을 가진 사람들은 외설적인 대화가 자신들에게는 매우 중요한 자원이라고 주장한다. 적절한 비속어가 그들로 하여금 대중적인 인기를 얻게 해주는 것을 볼 때, 그들의 주장이 틀리지 않음을 알 수 있다. 최근에는 어느 판사가 이런 판결을 내렸다고 한다. 직장에서 저속하고 상스러운 말을 하여 고소를 당한 사람에 대해 그것은 큰 문제가 되지 않으며 오히려 사람들과 더욱 가까워지게 하여 동료의식을 갖는데 도움을 준다고 판결을 내린 것이다. 이처럼 우리 사회는 갈수록 외설어를 큰 문제로 여기지 않는다. 하지만 우리 그리스도인들은 하나님의 말씀이 우리의 말에 대한 절대적인 기준을 세워놓으셨음을 기억해야 할 것이다.

하나님의 이름을 망령되게 사용하는 말

하나님의 이름을 망령되이 사용하는 일에 대해 성경은 분명히 "하지 말라”고 선언하고 있다(출 20:7). 모든 십계명 가운데 이 계명만큼 특별하게 엄격한 강조를 둔 계명은 없다. 하나님께서는 당신의 이름을 잘못 사용하는 일을 금하셨을 뿐만 아니라 불순종하는 자들에게 징계하실 것이라 경고하셨다.

하나님의 이름을 망령되이 일컫는다는 것은, 글자 그대로 그 이름을 함부로 사용하거나 난잡하게 사용하는 것으로, 그것은 ‘아무 필요 없는 무의미한 것’, 또는 ‘헛된 것’이란 뜻에서 유래되었다. 그러므로 하나님의 이름을 망령되이 일컫는다는 것은 그 이름을 마치 무가치하거나 천한 것으로 여긴다는 것이다.

아마도 그러한 태도를 갖게 되는 이유는 하나님의 이름에 대한 진정한 가치를 발견하지 못했기 때문일 것이다. 너무도 자주 우리는 하나님의 관점으로 그분의 존귀하심을 이해하려 하기 보다는 우리의 한정된 시각으로 하나님을 이해하려는 실수를 범하곤 한다.

하나님에 대한 이러한 근시안적 견해는 하나님을 우리 수준으로 격하시킴으로 그분을 욕되게 만든다. 결국 하나님에 대한 왜곡된 사고를 갖게 하고 우상숭배에 빠지게 만든다.

서양 문화권에서 이름이란 거의 대부분 장식품에 불과하다. 아이가 태어나면 대개 부르기 좋은 소리로 이름을 짓는다. 그렇기에 서양 사람들의 이름은 별다른 의미나 가치를 가지고 있지 않다. 그러나 하나님의 이름은 다르다. 부르는 이름마다 고유의 의미와 가치를 지니고 있다. 하나

님의 이름의 의미는 두 가지 차원에서 반드시 이해되어야 하는데, 하나
는 하나님께 대한 의미이며 또 하나는 우리에게 있어서의 경험적 의미
이다.

첫째로, 하나님의 이름은 그의 영화로우심을 드러내는 섯이기 때문에
매우 큰 의미가 있다. 하나님의 이름은 본질적으로 그분이 가진 성품을
표현해주는 것이다.

하나님께서 불타오르는 떨기나무에서 모세를 만나셨을 때, 모세는 이
스라엘 백성들이 하나님의 이름이 무엇이냐고 물으면 어떻게 대답해야
할지를 알고 싶다고 질문했다. 그러자 하나님께서 분명하게 대답하셨다.

"하나님이 모세에게 이르시되, '나는 스스로 있는 자니라' 너는 이스라엘 자
손에게 이같이 이르기를 '스스로 있는 자가 나를 너희에게 보내셨다' 하라. 하
나님이 또 모세에게 이르시되, 너는 이스라엘 자손에게 이같이 이르기를 '나
를 너희에게 보내신 이는 너희 조상의 하나님 곧 아브라함의 하나님, 이삭의
하나님, 야곱의 하나님 여호와라' 하라. 이는 나의 영원한 이름이요 대대로 기
억할 나의 표호니라"(출 3:14-15).

하나님은 당신의 이름을 통해 영원히 스스로 존재하는 분이라는 것을
나타내고 있으며, 그 사실을 먼저 간 조상들을 통하여 이스라엘 자손에
게 증명하신 것이다. 구약 전체를 통틀어서, 하나님의 이름은 그의 영

광의 모습을 세밀하게 드러내고 있다. 심지어 하나님의 '이름'(내 이름)이라는 표현은 하나님 당신의 모든 것을 대표하여 계시하는 표현으로 사용되었다.

시편 기자는 "나는 당신의 이름(Thy name)을 선포할 것입니다"라고 말했는데(시 22:22), 이는 다른 말로 '나는 당신에 대한 모든 것을 증거할 것입니다' 라는 의미이다. 선지자 이사야는 "여호와의 이름"이 오신다고 경고했는데, 그 말은 하나님께서 그의 공의와 진노와 거룩함의 모든 것으로 오신다는 것을 의미한 것이다(사 30:27). 또한 구약은 하나님의 이름이 영원하다고 기록했으며(시 72:17), "여호와의 이름은 견고한 망대라 의인은 그리로 달려가서 안전함을 얻느니라"(잠 18:10)고 선포하고 있다. 이러한 사실들은 하나님의 이름에 속한 위엄과 존귀가 얼마나 큰지를 잘 알려주는 것이다.

예수님의 이름 역시 그분의 성품과 가치와 사역을 잘 드러내고 있다. '그리스도' 라는 이름은 그의 구세주 되심의 호칭이며, 그가 약속 되었던 왕이라는 것을 나타내는 말이다. 동시에 이것은 이스라엘을 향한 언약이 성취된 것을 의미하기 때문에 하나님의 신실하심을 반영해 주기도 한다. '임마누엘' 이란 '하나님이 우리와 함께 계신다' 는 뜻이다(마 1:23). '예수' 라는 이름은 특별히 천사에 의해 지시되었는데, 그것은 '구원자' 라는 의미를 지니고 있다. "이는 그가 자기 백성을 저희 죄에서 구원할 자이심이라"(21절).

예수님의 이름은 귀신을 쫓아내는 능력이며, 우리의 기도가 응답되는 권세이기도 하다(요 14:13-14). 또한 예수님의 이름은 성령이 찾아오시는 근거가 되며(26절), 구원(롬 10:13)과 세례(마 28:19-20)의 근거가 된다.

예수님의 이름은 하나님께 매우 중요한 의미를 갖는다. 바울은 이 섬에 대해 다음과 같이 기록하고 있다. "이러므로 하나님이 그를 지극히 높여 모든 이름 위에 뛰어난 이름을 주사 하늘에 있는 자들과 땅에 있는 자들과 땅 아래 있는 자들로 모든 무릎을 예수의 이름에 꿇게 하시고 모든 입으로 예수 그리스도를 주라 시인하여 하나님 아버지께 영광을 돌리게 하셨느니라"(빌 2:9-11). 하나님께서는 모든 자들이 예수님의 이름에 굴복할 것을 보증하셨다. 그것은 예수님이 요구하시는 모든 것에 대한 순종을 의미한다. 그러므로 예수님의 이름을 욕되게 사용했던 자들이라도 언젠가는 예수님의 이름을 높이 찬양하게 될 것이다.

마찬가지로 아버지의 이름은 그리스도께 매우 중요하다. 예수님은 제자들에게 기도를 가르치시면서 "하늘에 계신 우리 아버지여 이름이 거룩히 여김을 받으시오며"(마 6:9)라고 말씀하셨다. '거룩히 여기다' 는 말은 문자 그대로 거룩하고 구별되고 신성하다는 의미이다. 주기도문에서 예수님께서 아버지의 이름의 거룩함을 제일 먼저 기도하셨다는 것은 그것이 바로 구세주 예수님의 최우선적인 관심사였다는 것을 증명하는 것이다.

유대인들은 구약성경을 기록하면서 여호와의 이름을 쓸 때 모음을 제거함으로 하나님의 이름에 대한 경외심을 표현했다. 이는 하나님의 이름을 입으로 읽기보다는 차라리 상징화시킴으로써 그 이름을 잘못 부르는 일이 없도록 방지하기 위한 의도였다. 전해지는 말에 의하면, 유대인들은 하나님의 이름을 비유대인 즉 이방인과의 대화 중에는 절대 사용하지 않던 때도 있었다고 한다.

이처럼 우리도 하나님의 이름을 사용함에 있어서 그분의 위엄에 걸맞도록 귀하게 사용해야 한다. 성경은 하나님의 이름이 하나님께 매우 중요하다는 것을 나타내면서, 우리로 하여금 다음과 같이 행할 것을 권면하고 있다.

- 하나님의 이름을 사랑하라(시 5:11).
- 하나님의 이름을 의지하라(시 52:9).
- 하나님의 이름을 송축하고 찬양하라(시 145:1-2).
- 주의 이름으로 행하라(미 4:5).
- 하나님의 이름을 존중히 생각하라(말 3:16).
- 하나님의 이름을 경외하라(말 4:2).

신학적으로 볼 때, 하나님의 이름은 형용사가 아니라 명사로서 아주 설명적이고 실제적인 존재를 나타내는 말들이라 할 수 있다.

하나님의 이름을 망령되이 일컫는 일은 우리의 신앙 상태가 엉망임을 나타내는 것이다. 우리가 하나님의 이름을 쓸데없는 일이나 좋지 못한 상황에 사용한다면 그것은 하나님의 존귀하심에 대한 우리의 생각이 그렇다는 것을 뜻하는 일이 된다. 그것은 아주 사악한 일이며, 하나님의 이름의 존귀함을 함부로 격하시키는 교만이다.

하나님의 이름은 하나님께 매우 중요한 것이기에 우리에게도 매우 중요한 의미를 갖는다. 이름은 경험에 의해서 그 가치와 존귀함을 얻는다. 예를 들면, 나의 아내는 딸을 낳으면 '에이미' 라고 이름을 지어주고 싶어 한다. 그 이름이 가장 예쁘다는 것이다. 하지만 나에게 있어서 '에이미' 라는 이름은 데이트 신청을 항상 거절한 여인의 이름으로 기억된다는 것이 문제다. 오히려 나는 '사만다' 라고 지어주고 싶다. 하지만 그 이름이 내 아내에게는 인생을 방해했던 어느 소녀의 이름이라는 것이 문제이다. 결국 내 아내와 나는 두 사람 모두가 만족스러워 할 이름을 선택해야만 하는 것이다.

나의 고등학교 시절, 누군가에게 가장 큰 모욕이 되는 일은 자신의 '어머니' 의 이름을 어떤 추잡한 상황 속에 넣어서 말하는 일이었다. '어머니' 는 자신의 가치와 존엄함을 대표하는 특별한 분이기에, 그 분의 이름을 욕되게 사용하는 말을 들으면 감정적인 면이나 정신적인 면 모두에 상처를 받게 된다.

우리가 사랑하는 이름들은 우리에게 매우 소중한 것이다. 따라서 이러한 이름들을 다른 사람이 잘못 사용하는 것을 들으면 화가 나게 된다.

그런데 하나님의 이름이 잘못 사용된 것을 들었을 때에는 별로 그렇게 생각하지 않는 것 같다. 진정 신자라면 자신도 모르게 하나님의 이름이 경박하게 사용되지 않도록 특별한 주의를 기울여야 할 것이다. "하나님 맙소사"(Oh, My God)나 "오 주여"(Oh, Lord)와 같은 표현들은 종종 탄식하는 말로 사용되고 있다. 또한 하나님의 존귀하심과 거룩하심을 가볍게 만드는 농담들이 기독교 집회 속에서 흔히 일어나고 있다. 심지어 "주를 찬양하라"와 같은 표현은 사람들이 깊은 생각 없이 너무 자주 남발하므로 믿음 없는 공허한 말로 전락하고 있다.

우리가 영적으로 성장해 나갈 때, 하나님께서 우리에게 얼마나 소중한 분임을 발견하게 된다. 또한 그분의 구원 사역의 깊이를 체험할 때, 예수님의 이름을 진정으로 사랑하게 될 것이다. 또한 그분의 주인 되심에 순종하는 기쁨을 알게 될 때, 우리는 주님의 이름이 얼마나 귀한 것인가를 알게 될 것이다. 이처럼 하나님에 대한 모든 깨달음이 커질수록 하나님의 이름은 우리의 마음 속에서 점점 더 존귀케 될 것이다. 우리는 우리의 입으로 귀하신 주님의 이름을 높이며 자랑해야 할 것이다.

외설적인 말

음란한 표현이나 외설적인 말은 그리스도 안에서 새로운 피조물 된 우리에게 합당치 않는 것들이다. 성경은 음란함에 관련된 말이나 표현, 농담, 소문에 대해 분명히 경고하고 있다.

"음행과 온갖 더러운 것과 탐욕은 너희 중에서 그 이름이라도 부르지 말라 이는 성도의 마땅한 바니라 누추함과 어리석은 말이나 희롱의 말이 마땅치 아니하니 돌이켜 감사하는 말을 하라 너희도 이것을 정녕히 알거니와 음행하는 자나 더러운 자나 탐하는 자 곧 우상 숭배자는 다 그리스도와 하나님의 나라에서 기업을 얻지 못하리니 누구든지 헛된 말로 너희를 속이지 못하게 하라 이를 인하여 하나님의 진노가 불순종의 아들들에게 임하나니 그러므로 저희와 함께 참예하는 자 되지 말라 너희가 전에는 어두움이더니 이제는 주 안에서 빛이라 빛의 자녀들처럼 행하라 빛의 열매는 모든 착함과 의로움과 진실함에 있느니라 주께 기쁘시게 할 것이 무엇인지 시험하여 보라 너희는 열매 없는 어두움의 일에 참예하지 말고 도리어 책망하라 저희의 은밀히 행하는 것들은 말하기도 부끄러움이라"(엡 5:3-12).

우리가 음란한 말을 계속적으로 가볍게 받아들인다면, 그것은 우리의 육체를 자극시킬 뿐만 아니라 우리의 문화로부터 스며든 음란함의 엄청난 잠재력에 영향을 입고 말 것이다. 우리는 원하기만 하면 24시간 내내 우리의 정욕을 만족시킬 수 있다. 우리가 활용할 수 있는 추잡한 매체들이 얼마나 많은지 모른다. 그들 가운데 어떤 것은 그다지 나쁘지 않거나 해가 되지 않는 것처럼 보이기도 한다. 그래서 우리는 해롭다고 여겨지는 포르노 영화는 강하게 거부하지만, 영화를 보러 가거나, 비디오를 빌려 보거나, 황금 시간대의 오락 프로그램을 보거나, 드라마를 보거나, 그리고 인터넷을 여기저기 검색하거나 음악을 듣는 것에 대해서는 그다지 경각심을 갖지 않는다. 하지만 위해한 정보는 공개적인 매체든 은밀한 매체든 어디에나 들어 있다. 광고도 이런 면에서 마찬가지 역할을 하고 있다. 명백한 유혹은 아니더라도 관능적인 표현을 그 바탕에 깔고 있는 광고를 우리는 흔히 볼 수 있다. 이러한 음란의 모든 유혹을 조금씩 받아들이다 보면, 나중에는 추악한 영향력들을 거부하기 어렵게 되고, 결국 우리의 입을 통해 되풀이 되고 말 것이다.

그리스도인으로서 가져야 할 우리의 민감성은 점차 둔화되어 가고 있다. 몇 년 전만해도 경각심을 가졌던 일들이 이제는 그냥 웃어넘기거나 양심의 가책을 조금 느낄 뿐 완전 넋이 나간 채로 열중하고 있는 것을 보게 된다. 사람들은 갈수록 저급한 표현이나 음흉한 농담, 그리고 이중적 의미를 가진 말들을 별것 아니라는 듯이 묵인하며 즐기고 있다. 안타까운 것은 이같은 관대한 행동이 다른 죄들에 대한 개방성을 더 넓히도록 부추긴다는 점이다. 따라서 우리의 관심을 더 귀한 일 쪽으로 돌리는데 힘써야 할 것이다.

집사들을 위한 어느 수련회에서 특강을 한 적이 있었다. 나는 그 기간 중 금요일 저녁 식사 자리를 급히 빠져나가는 몇 사람을 보게 되었다. 나중에 알게 된 일이지만 그들은 인기 많은 드라마의 다음 내용을 놓치지 않기 위해 방으로 돌아간 것이었다. 그 드라마는 등장인물들의 불륜과 부정, 탐욕과 폭력성으로 유명했던 작품이었다.

기독교인들의 이러한 태도는 내게 매우 강한 반응을 일으키게 한다. 그것은 도덕적 순결에 대한 나의 생각 때문이다. 어쩌면 우리는 그런 것들을 접해도 우리의 말이나 삶에는 별다른 영향이 없을 거라고 자신을 속이고 있는지도 모른다.

순전한 말을 위한 지침

하나님께서는 우리 인생의 도덕적 사막의 모래 위에 분명하고도 변함없는 줄을 그어 놓으셨다. 우리와 같은 음란한 문화 속에 살고 있던 에베소인들에게 사도바울은 이렇게 말했다. "음란한 것은 너희 성도 중에서 그 이름이라도 부르지 말라"(엡 5:3). 바울은 우리가 반드시 피해야 할 것으로 누추함, 어리석은 말, 희롱을 지적했다(4절).

누추함은 글자 그대로 순전함과 덕스러움의 반대되는 것을 의미한다. 헬라어로 누추함의 반의어는 선함, 미덕, 아름다움이 있다. 순전함과 덕스러움에 대한 하나님의 기준과 반대되는 말이나 표현, 이야기 등은 모두 죄악이 되는 것이다. 따라서 그리스도 안에서 새롭게 된 우리는 항상 정결하고 건전한 언어생활을 해야 할 것이다.

어리석은 말에 대해 어느 헬라 학자가 논평하기를, 그것은 그리스도인의 인격에 어긋나는 일이라고 했다. 이는 그 단어가 확실히 저속하고 음란한 의미를 내포하고 있음을 뜻한다. 어리석은 마음에서 나온 말은 불경건한 말임에 틀림없다. 하나님은 정숙함을 기뻐하시므로(딤전 2:9) 정숙함을 우습게 여기는 말이나 음란한 행위를 너그럽게 봐 주는 것은 어리석은 일이다. 또한 하나님은 결혼의 성실성을 중요하게 여기시기 때문에 부부간의 정절을 우습게 여기는 말 역시 어리석은 말이라 할 수 있다.

희롱이나 농담이라는 헬라어 단어는 문자 그대로 쉽게 변하는 것을 의미한다. 이처럼 쉽게 변하는 경박한 마음의 말이나 죄악 된 말, 다시 말해서 농담이나 익살, 장난삼아 놀리는 말들은 이중적인 의미로 가득 차 있다. 광고나 TV 드라마, 그리고 우리의 일상적인 대화들은 이러한 추잡한 농담으로 가득하다. 이러한 희롱의 말은 우리 안에 깊숙이 스며들어서 우리의 언어를 변화시키는데 큰 방해거리가 되고 있다.

에베소서 5장에는 덕스러운 언어생활을 위한 두 가지 요청이 담겨있다. 그 첫째는 하나님 앞에서의 거룩한 삶의 표준을 촉구하는 것이며(엡 5:1-3), 둘째는 올바른 예의범절의 실천을 요구하고 있다. 버릇없는 말은 그리스도인들에게 합당치 않은 일이기 때문이다(4절). 또한 같은 본문 속에는 외설적인 말에 대한 경고도 몇 가지 들어있다.

첫째로, 사도 바울은 헛된 말로 우리를 속이려는 자들을 주의하라고 경고하였다(엡 5:6). 이 구절은 속임이 우리의 행동이나 말에 관한 하나님의 기준에 반대되는 것임을 암시하고 있으며, 또한 하나님의 기준에 불순종하는 자들에게 하나님의 진노가 임함을 일깨워 준다. 어떤 이들은 하나님의 도덕적 표준을 지키려고 애쓰는 사람들을 향해 율법주의자라고 말하면서 속이려 든다. 또한 저들은 교묘하게도 "시대에 맞는 행동"이니 "편견 없는 열린 마음"이니 하는 말로 우리의 자존심을 자극하여서 죄악된 것들을 받아들이도록 유혹하고 있다. 하나님의 말씀은 이에 대해 다음과 같이 경고하고 있다. "스스로 속이지 말라. 하나님은 만홀히 여김을 받지 아니하시나니 사람이 무엇으로 심든지 그대로 거두리라"(갈 6:7).

둘째로, 하나님께서는 도덕적으로 타락한 자들과 함께 하지 말라고 경고하셨다(엡 5:7). 우리 사회의 많은 사람들이 말을 함에 있어서나 무엇을 보는 것에 있어서나 사업적인 협력 관계를 맺음에 있어서 그 일이 순전함에서 멀어지게 하지는 않을까를 두 번 이상 생각하지 못하고 있다. 신자들은 죄악 된 협력 관계에 빠지지 않고도 세상에 긍정적인 영향력을 미칠 수 있는 방법을 터득해야만 한다(약 4:4).

셋째로, 우리는 빛의 자녀임을 반드시 기억해야만 한다(엡 5:8). 우리는 더 이상 어두움에 속한 자들이 아니다. 만일 우리가 우리의 옛 모습으로 돌아가 어두움 가운데 행하게 된다면, 그것은 우리와 하나님과의 벗됨을 깨뜨리는 일이 되며, 또한 우리를 향한 하나님의 뜻에 정면으로 도전하는 일이 될 것이다(요일 1:5-7; 고후 6:14-7:1).

언제든지 외설적인 말은 신자들에게 악영향을 끼치는데, 그 해악은 다음과 같다.

- 도덕적 순결에 대한 우리의 감수성을 무디게 만든다.
- 육욕에 사로잡히게 만든다.
- 자제력이 떨어지게 만든다.
- 성적 범죄에 대한 우리의 약점을 무성케 만든다.
- 우리 입술로 하나님의 영광을 가리게 만든다.

사도 바울은 우리의 외설적인 언어 습관을 변화시키기 위해 두 가지 제안을 하였다. 첫째는 필요한 경우마다 덕을 세울 수 있는 유익한 말을 하여 듣는 사람들에게 은혜를 끼치라는 것이다(엡 4:29). 외설적인 말은 분명 훼방거리이다. 다른 이들을 세워주기 보다는 오히려 사람들을 실족시킨다. 다른 이들을 세워주는 말이나 유익을 주는 말만 하려는 책임감은 외설적인 말을 우리 입에서 사라지게 만들 것이다.

우리는 또한 감사하는 말을 서로 나누는 기쁨을 누릴 수 있다(5:4). 음란한 말은 음란한 욕구를 일으키기에 결국 불평이 생기게 만든다. 언어

적인 면이나 시각적인 면에서 우리의 욕망을 채우려는 태도는 성적인 욕
구가 생길 때마다 우리로 하여금 하나님의 은혜를 잊게 만든다. 그러한
생각 속에서 갖게 되는 성적인 환상과 그것을 시도하려는 끝없는 탐욕
은 언제나 만족을 모르는 법이다. 하지만 결국은 해소 할 수 없다는 불
만에 사로잡히고 만다.

이와 반대로, 순전함은 우리의 삶을 잘 정돈해 주며, 자유가 무엇인지
를 깨닫고 체험케 하며 하나님의 위대하심을 선포할 수 있게 해준다. 유
익한 말, 덕을 세우는 말, 은혜를 끼치는 말은 감사와 찬송의 기쁨을 드
러내는 말로서 진정 변화되어진 입에서 나오는 말들이다.

하나님의 이름을 높이며 순전함을 나타내는 말은 하나님과 다른 이들
에게 있어 참으로 귀한 것이다. 우리의 변화된 말이 주변 사람들의 마음
속에 전달될 때, 아마도 그들은 자신의 삶 속에서 하나님의 이름을 함부
로 사용하는 말이나 외설스러운 말이 사라져야 함을 깨닫게 될 것이다.

HEART TALK

제7장

마음의 말

혀는 우리 마음의 시종이다. 그래서 내가 하는 모든 말은 단지 내 마음에 있는 것을 드러낼 뿐이다.

당신의 말은 당신의 마음을 드러낸다

• • •

어린 시절, 내가 집에서 맡았던 책임 가운데 하나는 잔디밭에서 민들레를 제거하는 일이었다. 그 일을 할 때마다 나의 아버지는 "뿌리까지 확실히 뽑아야 한다"고 말씀하셨다. 민들레는 그 뿌리가 남아 있는 한 계속해서 다시 자라나기 때문이다.

민들레와 우리의 말은 뿌리라는 관점에서 공통점을 가지고 있다. 우리가 목구멍으로부터 나오는 죄악된 말의 문제를 뿌리뽑고자 할 때, 우리는 곧 그 문제가 지속적으로 다시 반복되고 있음을 발견하게 될 것이다. 그 이유는 우리 언어의 문제가 사실은 마음의 문제이기 때문이다. 혀는 우리 마음의 시종이다. 그래서 내가 하는 모든 말은 단지 내 마음에 있는 것을 드러낼 뿐이다.

결혼하기 전, 아내와 나는 종종 친구들과 함께 합동 데이트를 하곤 했다. 어느 날 우리는 농구경기 관람을 마치고 내 차로 돌아오는 길이었다. 그런데 갑자기 뒷좌석에서 감미로운 노래 소리가 들려왔다. 그 뒷좌석에는 우리 대학교 야구팀의 주전선수이자 국가 대표팀의 유명한 투수인 내 친구와 학교에서 가장 아름답기로 소문난 그의 여자친구가 타고 있었다. 이 건장한 선수가 그의 애인에게 멋진 세레나데를 부른 것이다. 그것이 비록 구혼의 일반적인 방법은 아니지만 그는 자신의 마음 상태를 어떻게든 그녀에게 표현하고 싶었던 것이다.

모든 말은 실제로 마음에서 나온 것들이다. 허황된 아첨, 아무 생각 없이 내뱉은 말, 무의식적인 대답 그리고 형식적인 인사말이라 할지라도 그것들은 위선적인 마음의 태도를 드러내는 것이다.

예수님은 다음과 같은 말씀을 통해 모든 말이 마음의 이야기임을 인정하셨다.

"나무도 좋고 실과도 좋다 하든지 나무도 좋지 않고 실과도 좋지 않다 하든지 하라. 그 실과로 나무를 아느니라. 독사의 자식들아 너희는 악하니 어떻게 선한 말을 할 수 있느냐 이는 마음에 가득한 것을 입으로 말함이라. 선한 사람

은 그 쌓은 선에서 선한 것을 내고 악한 사람은 그 쌓은 악에서 악한 것을 내

느니라. 내가 너희에게 이르노니 사람이 무슨 무익한 말을 하든지 심판날에

이에 대하여 심문을 받으리니 네 말로 의롭다 함을 받고 네 말로 정죄함을 받

으리라"(마 12:33-37).

하나님의 나라를 위해 일하시는 예수님의 명성이 높아져 가자 바리새

인들은 그 행하시는 기적을 보고 다음과 같이 비난하였다. "이가 귀신의

왕 바알세불을 힘입지 않고는 귀신을 쫓아내지 못하느니라"(24절). 그러나

주님은 그들의 말이 사악한 마음에서 나온 것이라고 위와 같이 단호하

게 대응하셨던 것이다.

사실상 우리의 말은 영적 상태의 정확한 반영으로서, 주님도 우리의

말이 하나님의 심판의 기초가 된다고 경고하신 바 있다. 그러므로 우리

는 자신의 말에 대해 책임을 져야 한다. 그 이유는 하나님께서 우리의

말을 일일이 흠잡는 분이라서가 아니라, 우리의 말이 우리의 진정한 영

적 상태의 증언이기 때문이다.

바울은 다음과 같이 마음의 말에 대한 자신의 생각을 나타냈다.

"기록한바 의인은 없나니 하나도 없으며 깨닫는 자도 없고 하나님을 찾는 자

도 없고 다 치우쳐 한가지로 무익하게 되고 선을 행하는 자는 없나니 하나도

없도다. 저희 목구멍은 열린 무덤이요 그 혀로는 속임을 베풀며 그 입술에는 독사의 독이 있고 그 입에는 저주와 악독이 가득하고 그 발은 피 흘리는데 빠르지라. 파멸과 고생이 그 길에 있어 평강의 길을 알지 못하였고 저희 눈앞에 하나님을 두려워함이 없느니라 함과 같으니라"(롬 3:10-18).

이 구절에서 사도 바울은 로마인들의 영적인 무능함을 대체적으로 서술한 뒤(10-12절), 그들의 영적 무능을 가장 먼저 드러내는 혀에 대하여 자세히 설명하였다(13-14절). 나는 이 구절에 나오는 혀에 대한 강조를 읽고 큰 충격을 받았었다. 우리 내면의 모든 사악함을 정화시키려면 가장 먼저 혀에 대해 최대한 주의를 기울여야 할 것이다. 죄로 가득 찬 마음은 죄로 얼룩진 말을 하기 마련이다. 사도 바울은 사람들의 목을 열린 무덤과 같다고 비유하였다. 열린 무덤은 사망의 냄새를 풍긴다. 우리의 목과 혀와 입술은 모두 우리 내면의 영적인 상태를 드러내는 신체의 일부분인 셈이다.

내게는 의학에 종사하는 친구들이 많은데 그들의 말에 따르면, 어떤 질병은 숨 쉴 때마다 매우 지독한 악취를 뿜어낸다고 한다. 죄도 마찬가지이다. 죄는 입을 통하여 발산되고 혀에 의해서 퍼지며 그 입술에는 언제나 치명적인 잠재력이 숨겨져 있다.

유치원에 다니던 시절, 선생님께 버릇없는 말을 했던 날을 나는 아직도 기억한다. 무엇 때문에 그랬는지는 기억 못하지만, 나는 선생님께 입

닥치라는 말을 했다. 그리고는 벌떡 일어나 그 방을 뛰쳐나와서 곧장 집을 향해 걸었다. 마을 어귀에 이르자 뒤뜰에서 일하시는 어머니의 모습이 저만치 보였다. 순간 나는 멈춰 서서 생각했다. '어머니께 뭐라고 말씀드리지….'

나는 어머니를 만나야 할지, 선생님께 다시 돌아가야 할지, 아니면 험한 세상을 나 혼자 살아가야 할 것인지를 선택해야 했다. 나는 이 세 가지의 괴로움 가운데 가장 고통이 적은 편을 택하여 다시금 유치원으로 발걸음을 돌리고 말았다. 문 앞에서 마주친 선생님은 내 손을 잡고 화장실로 가시더니 비누로 내 입술을 닦아 주셨다.

그것은 내게 커다란 교훈이었다. 올바르지 못한 말을 할 때마다 나는 더 많이 입을 씻어야 했고 마음도 더불어 씻어야 했다. 다섯 살밖에 되지 않은 어린 나의 영혼은 입에 의해 그 죄악의 본성이 드러났던 것이다.

야고보는 혀를 '재갈', '키', 그리고 '불'에 비유하였다(약 3:3-6). 이것들은 모두 본래의 목적에 있어서 부차적인 것들이다. 말(馬)의 재갈은 마부에 의해 조정되어지며, 배의 키는 조타수에 의해 다루어지고, 불은 불꽃에 의해 생겨난다. 그와 마찬가지로 우리의 혀는 마음의 주장에 의해 말을 하게 된다.

혀가 우리 내면의 실체를 드러낼 때마다 우리는 종종 당황하게 된다. 그것은 마치 우리 스스로 치마를 들어 올려서 허물을 내보이는 일과 같기 때문이다. 우리는 모두 아름답게 꾸미고 있지만 입의 말을 통해 우리의 내면을 드러내고 있는 것이다. 그러나 많은 이들이 자신의 그러한 행동을 전혀 깨닫지 못하고 있다. 만약 당신이 그 사실을 알고 있다면, 당신은 그러한 문제점을 극복하기 위해 무엇인가 노력하게 될 것이다.

그렇다면 당신은 과연 무엇을 할 수 있겠는가? 입을 다물고 말을 멈추는 것이 하나의 방법일 것이다. "미련한 자라도 잠잠하면 지혜로운 자로 여기우고 그 입술을 닫으면 슬기로운 자로 여기우느니라"(잠 17:28). 그러나 계속 침묵할 수는 없다. 입을 다무는 노력은 마치 살을 빼기 위해 턱에 줄을 감아 매는 일과 같다. 하지만 그것은 일시적인 고정일 뿐, 얼마 되지 않아 줄을 풀어야 한다. 그리고 식습관을 고치지 않는 한 체중은 다시 원상태로 돌아갈 것이다. 체중 감량을 위해 필요한 것은 입을 다무는 일이 아니라 식습관에 대한 정신적 태도의 변화이다. 언어 습관을 변화시키는데도 마찬가지이다. 비록 침묵이 금이라고 하지만 언어 습관을 변화시키는 진정한 열쇠는 되지 못한다.

말에 대해 언급하거나 그 예를 들어 설명하고 있는 거의 모든 성경 구절마다 죄악된 말의 원인이 마음에 있음을 폭로하고 있다. 그렇기에 이러한 마음의 문제를 살피는 일이야말로 내면에서 나오는 우리의 말을 변화시키는 첫걸음이라 할 수 있다. 자, 이제 입술의 죄를 범하게 만드는 마음속의 세 가지 문제들을 살펴보도록 하자. 그들은 교만, 분노, 두려움이다.

교만한 마음

영적인 면에서 교만이란 하나님과 그의 영화로우심을 가로채어 자신을 높이려는 행위를 의미한다. 그것은 이기적인 생활태도의 결과로 생긴다. 교만은 하나님께서 행하신 일과 베푸신 것을 마치 자기 스스로 해낸 것으로 여기기 때문에 하나님 앞에 합당치 못한 일이다. "악인은 그 교만한 얼굴로 말하기를 여호와께서 이를 감찰치 아니 하신다 하며 그 모든 사상에 하나님이 없다 하나이다"(시 10:4). 그렇기에 "미련한 자의 입은 멸망에 가깝다"(잠 10:14)는 말씀은 당연한 것이라 할 수 있다.

교만은 다음과 같이 여러 가지 면에서 부정적인 언어형태와 직접적인 연관이 있다.

- 교만과 거만은 악한 행실과 패역한 말을 하게 만든다(잠 8:13).
- 자랑, 하나님을 배반함, 저주, 거짓말, 다툼은 모두 교만에서 나온 것들이다(시편 10편).
- 아첨은 교만과 아주 밀접한 관계가 있다(시편 12편).
- 교만한 사람은 의로운 자를 비방한다(시편 59편).
- 무례하고 거만한 자는 험담을 일삼는다(롬 1:29-30).
- 조롱하는 말과 악하게 위협하는 협박의 말은 교만한 마음에서 비롯된다(시 73:6-11).

● 교만은 다툼을 일으킨다(잠 13:10).

한나의 잉태치 못함을 아는 엘가나의 또 다른 아내는 한나를 말로 자주 조롱하였고, 그 일은 매년 계속 되었다. 그로 인해 한나는 울면서 먹지도 않았다(삼상 1:6-7). 그러나 마침내 한나가 사무엘을 낳았을 때, 그 대적이 교만한 마음으로 했던 무자비한 말을 기억하고서 다음과 같은 감사의 기도를 드렸다. "심히 교만한 말을 다시 하지 말 것이며 오만한 말을 너희 입에서 내지 말찌어다. 여호와는 지식의 하나님이시라 행동을 달아 보시느니라"(2:3).

분노의 마음

분노는 우리의 가장 거센 감정 가운데 하나이다. 그것은 개인적 지위나 사회적 지위 모두를 파멸시킬 수 있는 능력을 가지고 있다. 분노는 여러 가지 형태로 표출될 수 있지만, 대체로 말을 통해서 표현된다. 증오와 빈정댐은 해소되지 못한 분노의 동료들로서, 오래 지속되고 풀리지 않은 분노가 맺은 독살스런 열매들이다.

분노의 마음은 불화, 거짓, 다툼, 그리고 협박의 말을 하게 한다(잠 10:12, 18; 15:18; 24:28-29; 29:22; 30:33). 비방과 불평과 잔인한 말 역시 분노의 마음에서 나온 말들이다(신명기 1장, 민수기 14장, 잠 27:4).

마음과 말로 하는 반항은 종종 분노의 결과로 생긴다. 아이들의 분노는 종종 그들의 부모에게 반항적인 태도와 무례한 말을 하게 한다. 그래서 하나님은 부모들에게 자녀를 노엽게 하지 말라고 말씀하셨나(엡 6:4). 분노는 자녀로 하여금 반항하기 쉽게 만든다.

이러한 사실은 윗사람에게 복종하는 모든 관계에서도 마찬가지이다. 남편에 대한 아내의 복종, 직장의 사장에 대한 직원의 복종, 정부 관료에 대한 사장의 복종, 그리고 하나님께 대한 모든 사람의 복종에 있어서, 권위자에 대한 분노는 급격히 반항하게 만드는데, 그것은 대부분 우리의 말을 통해서 표출된다. 그렇기에 윗사람은 자신에 대한 좋지 않은 소문을 듣게 되면, 자신이 누군가를 분노케 한 일이 없는지 되돌아보아야 한다.

원한은 다툼과 불명예를 불러올 가능성이 높다. 많은 이들이 원한 관계에서 불거져 나온 말에 의해 상처를 입는다. 따라서 "너희는 돌아보아 하나님의 은혜에 이르지 못하는 자가 있는가 두려워하고 또 쓴 뿌리가 나서 괴롭게 하고 많은 사람이 이로 말미암아 더러움을 입을까 두려워"(히 12:15)해야 할 것이다.

두려움에 찬 마음

미국의 대통령 루즈벨트는 "우리에게 있어서 두려운 것이란 없다. 다만 스스로 두려워 할 뿐이다"라고 말한 적이 있다. 두려움은 우리의 말뿐만 아니라 국가 전체와 민족, 그리고 문화 전반을 교묘하게 속이는 큰 영향력을 가지고 있다.

두려움은 여러 가지 방식으로 드러난다. 그 가운데 어떤 것은 무의식적으로 일어나기도 하고, 어떤 것은 오래도록 겪고 있던 것이기도 하다. 두려움은 종종 안정이나 생존이 위협 받을 때 일어나며, 그것은 우리를 자극하거나 교묘하게 조종하기도 한다. 우리의 지위나 명예, 재산, 권력, 가족, 친구, 행복, 안전 등을 잃게 될지도 모른다는 두려움은 종종 우리의 감정이나 말을 필요 이상으로 강하게 만든다.

가나안 족속에 대한 두려움은 이스라엘 자손을 불평과 반역에 빠뜨렸고, 결국 잘못된 결론을 내리게 했으며, 모세를 죽이려는 음모까지 세우게 했다(민 14:9-10). 그리스도를 메시아로 받아들이려는 백성을 보고 두려워한 바리새인들은 자신들의 지위를 지키기 위해 거짓말을 했다(요 8:44-45). 또한 대제사장은 로마가 부여한 자신들의 지위와 특권이 위협받자 그리스도를 대적하는 거짓 증인을 내세우기도 했다(마 26:59-61). 베드로는 자신이 그리스도의 제자 가운데 하나로 발각되는 것이 두려워서 주님을 저주하고 부인하는 맹세까지 했다(73-74절).

때때로 우리는 사람들에게 욕을 하며 그들을 위협하는데, 그 이유는 그들이 우리에게 두려움이나 불안감을 주었기 때문이다. 우리를 사로잡는 두려움은 완벽한 거짓말은 아니더라도 남을 속이는 말을 하게 만든다. 우정이나 명예를 잃을지도 모른다는 두려움은 자랑이나 과장을 하게 만든다.

그렇다. 두려움이나 불안감은 사실 우리 인생의 한 부분이다. 이러한 감정들은 우리의 두려움보다 더 크신 하나님께로 우리의 눈을 돌리게 한다. 그래서 두려움이 크면 클수록 우리는 더욱 믿음을 갖게 된다. 그렇기에 두려움은 우리로 하여금 영적 성장이나 제자의 삶을 사는데 도움을 준다. 하지만 불행하게도 많은 이들이 자신의 두려움을 하나님께 맡기려고 하지 않는다. 그 결과 그들은 자신의 생존을 스스로 지키려고 필사적으로 남을 경계하며 파괴하는 말과 행동을 저지른다. 이러한 두려움의 반응은 우리의 입에서도 자주 드러나고 있다.

새 마음

의학박사 크리스천 버나드가 최초로 심장 이식 수술에 성공했을 때, 심장병을 가진 많은 환자들은 큰 소망을 갖게 되었다. 비록 육체적 심장 이식 수술의 기술이 아직까지는 계속 발전 단계에 있지만, 영적 마음의 수술은 쉽게 이루어질 수 있다.

사울이 이스라엘의 첫 왕이 되었을 무렵, 그의 생활과 사명감에는 기적적인 변화가 있었다. 그 변화의 시기 동안 "하나님이 새 마음을 주시므로"(삼상 10:9) 그는 왕의로서의 임무를 수행할 능력을 갖게 된 것이다. 다윗은 마음을 변화시키시는 하나님의 능력을 깨닫고서 이러한 기도를 드렸다. "하나님이여 내 속에 정한 마음을 창조하시고 내 안에 정직한 영을 새롭게 하소서"(시 51:10). 또한 바울은 우리에게 이러한 사실을 상기시킨다. "그런즉 누구든지 그리스도 안에 있으면 새로운 피조물이라. 이전 것은 지나갔으니 보라 새것이 되었도다"(고후 5:17).

우리가 새로운 마음과 정결한 입술로 변화되기를 하나님께 구할 때, 우리는 하나님의 응답하심에 놀라게 될 것이다. 2년 전 오하이오에 사는 한 여인이 그 지역 대청소의 날에 자신의 주차장을 청소하다 겪은 일이다. 그녀는 쓰레기 더미 위에 놓인 신발 한 켤레를 치우려다가 그것이

그냥 신발이 아니라 죽은 사람의 시신이었음을 발견하고는 깜짝 놀랐다고 한다. 수사관은 그 시신이 그녀가 이사 오기 일 년 전부터 그곳에 있있을 것이라 추정하였다. 우리도 우리의 언어습관을 청소하기 시작할 때, 처음 생각했던 것보다 더 많은 쓰레기들이 감춰져 있음을 발견하게 될 것이다.

교만과 분노와 두려움에서 비롯된 악한 말을 제거하는 일은 그리 쉬운 일이 아니다. 그 악한 말은 우리가 값지게 쓰임 받거나 영적성장의 잠재성을 저해하는 사탄의 도구들이다. 그러나 하나님께서는 우리 마음속에 교만함 대신 참된 겸손을, 분노 대신 인내를, 두려움 대신 사랑을 심어주실 수 있다. 겸손과 인내와 사랑이 우리 마음을 주장하게 될 때, 우리는 하나님이 기뻐하시는 말과 우리 주위의 모든 사람을 돕는 말을 하게 될 것이다.

제8장

선한 말의 일인자

겸손을 실천하는 삶은 우리의 언어에 혁명을 일으킬 것이다. 그로 인해 우리는 계속적으로 선한 말에 진정한 일인자가 될 것이다.

교만을 물리치라

● ● ●

어느 날 아침, 평소에 자주 가는 도넛 가게에서 차례를 기다리며 줄을 서 있었다. 그런데 내 뒤에 서 있던 사람이 점원에게 다가가 큰 소리로 "블랙커피 한 잔 주시오."라고 말했다.

내가 먼저라는 것을 알면서도 그렇게 한 그의 행동 때문에 나는 기분이 나빴다. 그래서 나는 그의 행동을 무시하고서 "내가 먼저요."라고 점원에게 나직이 불만을 토로했다. 그러면서 나는 속으로 생각했다. '이 사람 정말 교양 없는 사람이군.' 그런 생각이 들자 내 속이 더욱 부글부글 끓어올랐다. 그러다가 나는 그가 아주 평범한 사람이었음을 깨닫게 되었다. 그는 단지 우리 사회가 어떤 윤리 문화를 가지고 있는지를 보여 주었을 뿐이다.

오늘날 "자기 자신만을 생각하라."는 표어는 현대인의 삶의 한 방식이며, "자기 성취", "자기 향상", "자기 진보"는 우리의 행동에 영향을 주는 최우선적 규범이 되었다. 이러한 원칙들은 비록 현대적 사고로 잘 정리된 철학처럼 들리지만, 본질적으로 보면 교만의 또 다른 표현에 지나지 않는다. 이렇듯 교만은 어떠한 이론을 떠나서 그 자체가 인생의 확실한 성공방법으로 여겨지고 있는 것이 요즘의 현실이다.

교만의 참된 핵심은 자기 자신을 세상에서 가장 높은 사람으로 만들려는 것이다. 사탄은 교만으로 인해 하나님께 심판을 받았다. 사탄은 그의 마음에 다음과 같은 교만을 갖고 있었다. "내가 하늘에 올라 하나님의 뭇별 위에 나의 보좌를 높이리라. 내가 북극 집회의 산 위에 좌정하리라. 가장 높은 구름에 올라 지극히 높은 자와 비기리라"(사 14:13-14). 사탄은 일인자가 되기를 원했던 것이다.

교만은 자신의 부와 지위와 명성을 쌓는 일에 매진하게 만든다. 교만은 어떠한 방법을 통해서라도 남을 지배하려 하며, 자기 자신의 한계를 생각하지 않은 채 야망을 성취하려고 하는 속성이 있다. 따라서 친구 관계도 단지 자신을 높이는데 도움이 될 때에만 유지한다. 마찬가지로 하나님과의 관계도 자신에게 유리할 때에만 받아들인다.

교만한 마음은 자랑, 아첨, 욕설, 저주, 거짓말, 조롱, 비방, 험담, 다툼 등 많은 입술의 죄를 범하게 한다. 또한 교만한 마음은 쉽게 화를 내게 하며 경솔한 말을 하게 한다. 이러한 죄악에서 벗어나려면 먼저 그 원인이 되는 교만한 마음부터 변화되어야 할 것이다.

교만에 대한 대응책

교만은 종종 우리 자신을 은밀하게 사로잡는다. 평소에는 거만함이나 오만함이 드러나지 않는 사람도 교만을 소유하고 있을 수 있다. 특별히 영적인 영향력이 높은 사람일수록 교만에 빠지기 쉽다. 또한 말씀의 규범을 겉으로 잘 지키는 교인일수록 종종 자신의 "의로운 생활"을 은근히 자랑할 수 있다. 반대로 자신은 "율법주의자"가 아니라 자유 안에서 성숙한 자라고 생각하는 특별한 우월감의 교만을 가진 교인도 있다.

다른 이들에게 위협과 심한 질투를 받으면서도 묵묵히 잘난 체 하지 않는 사람이 때때로 진정 겸손하게 보이기도 한다. 하지만 많은 경우, 겉치레의 겸손은 "나는 아무것도 아닙니다."라는 말로 꾸며지기도 한다. 우습게도 겸손을 자랑하는 사람은 자기 스스로 부여한 겸손을 남들 앞에서 자랑하곤 한다.

우리 가운데 많은 이들이 교만과의 싸움에서 실패한다. 그 이유는 나쁜 습관을 버리는 데는 머뭇거리고, 올바른 것으로 대체하지 않기 때문이다. 두 가지의 잘못된 생각이 우리의 삶에 교만을 일으키며, 모든 불행을 불러들이고 있다. 만일 우리가 이 두 가지 잘못된 생각을 고치지 않는다면, 자신도 모르게 만연된 교만에 우리 자신이 좌우되고 있음을 발견하게 될 것이다.

그 첫 번째 잘못된 생각은 '내 인생의 궁극적 주인은 나 자신'이라고 생각하는 것이다. 교만은 우리의 삶을 절대적으로 다스리시는 하나님의 주권에 저항하게 한다. 이러한 생각은 나로 하여금 자꾸 주인의 역할을 맡으라고 충동질 한다. 그로 인해 윌리엄 어네스트 헨리가 한 때 허세를 부렸던 것처럼 '나는 내 운명의 주인'이요, '나는 내 영혼의 선장'이라고 생각하게 된다. 하지만 이러한 생각은 진리가 아니다. 하나님은 모든 피조물의 최고의 통치자이시며 주인이시다. 따라서 겸손한 사람은 하나님의 정당한 지위에 즐거이 순종한다.

두 번째 잘못된 생각은 '나 자신의 행복한 미래는 내가 책임져야 한다.'고 생각하는 것이다. 교만은 우리에게 자신의 공로를 주장하라고 부추긴다. 그러나 성경은 우리의 지위, 건강, 소유, 능력이 모두 하나님께로부터 부여받은 것임을 가르치고 있다. 겸손은 마땅히 찬양받을 이에게 찬양을 돌린다. 그러한 겸손은 우리가 하나님의 은혜로 사는 자요, 하나님을 떠나서는 아무 것도 할 수 없는 자임을 기쁨으로 고백하게 한다.

위의 두 가지 잘못된 생각을 버리고 성경이 가르치는 진리를 따라 살 때, 하나님의 권능은 교만함과 육체의 다른 죄악을 쫓아버리신다.

하나님의 사랑을 받아들이는 일은 자기중심적인 것들을 내어 버리도록 만든다. 돈을 섬기던 사람은 그의 돈을 하나님을 섬기는데 사용하게 되며, 화를 내던 사람은 마음을 가라앉히고 인내를 배우게 된다. 그러나 교만한 마음을 다시 받아들이고, 하나님의 사랑을 거부한다면 육체의 온갖 죄악들은 곧 되돌아오게 될 것이다.

바울은 이렇게 기록하였다. "내가 그리스도와 함께 십자가에 못 박혔나니 그런즉 이제는 내가 산 것이 아니요 오직 내 안에 그리스도께서 사신 것이라. 이제 내가 육체 가운데 사는 것은 나를 사랑하사 나를 위하여 자기 몸을 버리신 하나님의 아들을 믿는 믿음 안에서 사는 것이라." (갈 2:20) 참된 겸손은 교만한 마음을 내어버린 새사람의 성품이다.

하나님을 본연의 지위로 모시라

겸손은 하나님을 그분의 정당한 자리로 모셔 들이는 일이다. 우리가 하나님이 가장 존귀한 분임을 인정할 때, 우리 자신의 지위를 채우려고 애쓰던 것들을 그만 둘 수 있게 된다. 따라서 겸손의 분량은 당신의 삶에서 하나님의 지위가 어느 정도인지로 가늠할 수 있다.

하나님께 주권을 내어드리기를 배우면 배울수록 우리는 더욱 겸손해질 수 있다. 이 원리는 이스라엘 백성을 애굽에서 해방시켜 달라고 한 모세의(하나님의) 요청을 거절한 바로의 모습에서 확인할 수 있다. 모세는 바로를 만나 하나님의 말씀을 전했다. "히브리 사람의 하나님 여호와께서 말씀하시기를 네가 어느 때까지 내 앞에 겸비치 아니하겠느냐 내 백성을 보내라 그들이 나를 섬길 것이라."(출 10:3) 바로는 매번 이 요청을 거절하였지만, 그의 완고한 교만은 결국 그의 장남을 죽음에 이르게 만들었다(12:29–32).

베드로는 모든 성도들에게 "하나님의 능하신 손 아래서 겸손하라"(벧전 5:6)고 촉구한다. 하나님은 온 세상 모든 권위의 근원이시다. 지혜로운 사람은 이 진리를 깨닫고 하나님의 권위에 복종한다.

겸손은 하나님의 친구이기 때문에, 하나님을 섬기면 섬길수록 우리는 담대함과 큰 용기를 얻게 된다. 따라서 겸손의 효과는 우리의 말에도 나타나게 될 것이 분명하다. 하나님을 자신의 주인으로 모신 사람은 교만함이 가득한 말 대신 다음과 같은 말을 하게 될 것이다.

- 불의한 주장이나 요구를 거절하는 말.
- 하나님의 뜻에 대해 아무런 조건 없이 충성하는 말.
- 하나님께서 하신 일보다 하나님의 주인 되심을 더 경배하고 찬양하는 말.
- 배신이나 부당한 일을 당했을지라도 하나님의 진실하심을 고백하는 말.

● 하나님의 정당한 지위에 순복하라고 다른 이들을 권면하는 말.

하나님을 그분 본연의 자리에 모시는 일은 우리로 하여금 다른 이들과도 적절한 관계를 갖게 해준다. 하나님의 말씀은 우리가 겸손히 하나님께 순종하는 것처럼 다른 이들과도 서로 사랑해야 한다고 요구하신다 (요 13:34-35). 하나님과의 수직적인 관계에서의 겸손은 다른 사람과의 수평적인 관계에서 다음과 같은 반응들을 나타나게 할 것이다.

● 아내의 필요를 살피고 돌보는 남편의 반응(엡 5:25-33).
● 남편의 머리됨을 인정하는 아내들의 반응(엡 5:22-24).
● 자녀의 필요를 살피고 돌보는 부모의 반응(엡 6:4).
● 부모의 권위에 순종하는 자녀의 반응(엡 6:1).
● 지혜로운 웃어른을 존경하고 섬기는 젊은이의 반응(벧전 5:5).
● 서로의 필요를 살피고 돌보는 모든 기독교인들의 반응(엡 5:21).
● 세상 모든 사람들을 돌보고(갈 6:10), 하나님의 계명을 지키며(요 14:21), 영적 인도자들에게 순종하며(히 13:17), 국가의 권세자들에 대해서도 순종하는 반응(롬 13:1).

빌립보서에 나오는 사도 바울의 메시지는 우리로 하여금 겸손의 본질이 무엇인지를 깨닫게 해준다.

"아무 일에든지 다툼이나 허영으로 하지 말고 오직 겸손한 마음으로 각각 자기보다 남을 낫게 여기고 각각 자기 일을 돌아볼 뿐더러 또한 각각 다른 사람들의 일을 돌아보아 나의 기쁨을 충만케 하라 너희 안에 이 마음을 품으라 곧 그리스도 예수의 마음이니 그는 근본 하나님의 본체시나 하나님과 동등됨을 취할 것으로 여기지 아니하시고 오히려 자기를 비어 종의 형체를 가져 사람들과 같이 되었고 사람의 모양으로 나타나셨으매 자기를 낮추시고 죽기까지 복종하셨으니 곧 십자가에 죽으심이라."(빌 2:3-8)

하나님께 주권을 내어드리는 겸손한 마음은 다른 사람과의 대화 습관에도 아름다운 영향을 미칠 것이다. 다른 이들을 해치던 언어 습관은 사라질 것이며, 대신에 사람들을 위험으로부터 보호하는 말, 진심으로 관심을 표현하는 말, 다른 이들을 영적으로나 정서적으로 세워주는 말, 순전한 생각이나 올바른 관계를 조성하는 말, 하나님과 다른 사람에 대해 긍정적인 생각을 하도록 격려하는 말, 그리고 평안, 사랑, 기쁨, 이해, 격려, 평화를 위한 말을 하게 될 것이다.

하나님이 만드신 사람

우리는 자수성가한 사람들의 이야기를 종종 듣게 된다. 그러한 아메리

칸 드림(American dream)의 핵심은 자신의 힘으로 모든 일을 처리하는 능력에 있다. 이러한 생각은 비록 절대적 공급자이신 하나님의 지위를 의도적으로 배제한 것은 아니지만, 자기 스스로 해낼 수 있다는 우리의 능력에 그 초점을 맞춘 것이다.

하나님은 직접 일하시지 않고 선택된 사람을 통해 당신의 계획을 이루어 나가신다. 그러나 하나님은 여전히 우리의 가진 것과 되어지는 모든 것의 절대적 근원이 되신다. 비록 이스라엘 백성을 출애굽 시키는 일에 모세와 아론을 사용하셨지만, 하나님은 이스라엘 자손을 약속의 땅으로 들어가게 하신 진정한 공급자이셨다. 성경은 이 점을 분명하게 밝히고 있다.

"네 열조도 알지 못하던 만나를 광야에서 네게 먹이셨나니 이는 다 너를 낮추시며 너를 시험하사 마침내 네게 복을 주려 하심이었느니라 또 두렵건대 네가 마음에 이르기를 내 능과 내 손의 힘으로 내가 이 재물을 얻었다 할까 하노라 네 하나님 여호와를 기억하라 그가 네게 재물 얻을 능을 주셨음이라 이같이 하심은 네 열조에게 맹세하신 언약을 오늘과 같이 이루려 하심이니라"(신 8:16-18).

만나가 내리기 전까지 이스라엘 자손은 광야에서 굶주렸었다. 그러나 하나님은 그들이 거의 죽음에 이를 때까지 내버려 두셨다. 그런 후에 만나를 주셨는데 이로 인해 하나님은 당신이 공급과 생명의 근원이 되신다는 사실을 이스라엘 자손에게 매일 증명하셨다. 이러한 낮추심의 교훈은 사람이 떡으로만 사는 것이 아니라 여호와의 입에서 나오는 모든 말씀으로 사는 줄을 알게 하기 위한 것으로 이십 년 동안 그들의 의복이 해어지지 아니하고 발이 부르트지 아니함이 그 증거이다(3절).

일찍이 하나님께서는 다음과 같은 말씀을 통해 위의 개념을 그들의 마음에 미리 심어 놓으셨다. "네 하나님 여호와께서 그 열조 아브라함과 이삭과 야곱을 향하여 네게 주리라 맹세하신 땅으로 너로 들어가게 하시고 네가 건축하지 아니한 크고 아름다운 성읍을 얻게 하시며 네가 파지 아니한 우물을 얻게 하시며 네가 심지 아니한 포도원과 감람나무를 얻게 하사 너로 배불리 먹게 하실 때에 너는 조심하여 너를 애굽 땅 종 되었던 집에서 인도하여 내신 여호와를 잊지 말고"(신 6:10-12).

자기 만족은 교만을 일으킨다. 반면에 하나님으로 인한 만족은 감사와 경배의 마음을 갖게 해준다. 성공은 때때로 사람을 자만하게 만든다. 그렇기에 이스라엘처럼 우리가 지속적으로 어려움에 처하게 되는 것은 하나님을 풍성하게 누릴 수 있는 축복이라 할 수 있다. 우리는 내가 누구이며 나의 모든 것은 하나님이 주신 것이라는 사실을 잊어버릴 때, 교만으로 우쭐거리게 된다. 이러한 마음은 자기 자신의 능력보다 더 많은 것을 할 수 있다고 생각하게 하며, 하나님께 감사드리지 않게 하고, 또한 하나님께 속한 영광을 우리의 것이라 주장하게 한다. 하나님께서는 약속한 땅의 풍부한 공급이 이스라엘 자손을 교만하게 만들지는 않을까 염려하셨다.

때때로 하나님께서는 성공 대신에 고통을 허락하신다. 겸손은 행복할 때뿐만 아니라 고난 당할 때도 하나님의 인도하심에 묵묵히 순종하는 자세이다. 교만한 마음은 고난을 받으면 하나님 앞에서 반항하며 원망한다. 또한 교만은 고난과 아픔을 통한 성숙과 영광을 원치 않는다. 교만은 그 자신이 원하는 대로만 삶이 이루어지기를 바랄 뿐이다. 욥의 아내가 충고했던 "하나님을 욕하고 죽으라"는 말은 바로 교만한 마음에서 비롯된 것이었다(욥 2:9). 그러나 욥의 대답인 "하나님이 나를 죽이실지라도 나는 그를 의뢰할 것이다"(13:15)라는 말은 겸손이 주는 담대함에서 비롯된 말이다(개역 성경에는 "그가 나를 죽이시리니 내가 소망이 없노라"로 되어 있으나, 성경의 난하주에는 위의 본문으로 기록되어 있다—역자주).

바울도 고통의 억압 아래서 이와 똑같은 겸손의 훈련을 받았다. 그는 어떤 육신의 질병을 가지고 있었는데, 이것을 그는 '육체의 가시'라고 불렀다(고후 12:7). 그는 이 문제에 대해 이렇게 기록하였다. "이것이 내게서 떠나기 위하여 내가 세 번 주께 간구하였더니 내게 이르시기를 내 은혜가 네게 족하도다 이는 내 능력이 약한데서 온전하여짐이라 하신지라 이러므로 도리어 크게 기뻐함으로 나의 여러 약한 것들에 대하여 자랑하리니 이는 그리스도의 능력으로 내게 머물게 하려함이라 그러므로 내가 그리스도를 위하여 약한 것들과 능욕과 궁핍과 핍박과 곤란을 기뻐하노니 이는 내가 약할 그 때에 곧 강함이니라"(고후 12:8-10).

하나님께서 우리의 삶 속에 평탄한 일을 주시든 시련을 만나게 하시든, 우리가 감사하며 겸손하게 받아들이는 것이 하나님께는 매우 중요하다. 이스라엘 자손이 겪은 굶주림과 만나처럼, 하나님께서는 종종 고난을 통해 우리를 겸손케 하시며 감사할 줄 아는 겸손의 마음을 예비케 하신 후 복을 주신다.

내가 처음으로 목회생활을 하게 되었을 때, 적은 수의 교회 성도들은 내가 온전히 목회에만 전념할 수 있도록 훌륭한 재정위원회를 설립하였다. 그 일은 성도들에게 있어서 매우 커다란 믿음의 결단이었지만, 그 금액이 우리 가정 수입의 3분의 2밖에 안 된다는 사실은 아무도 모르고 있었다. 그러한 몇 년 동안, 우리 가족은 만나의 생활을 겪어야만 했다. 하지만 그 결과로 우리 식구 모두는 우리가 누구이며 우리의 가진 모든 것이 하나님으로부터 오는 것임을 체험할 수 있었다.

'만나가 내리는 기간' 동안, 하나님께서는 단 한 번 만난 사람을 통해 우리 딸에게 아름다운 옷을 입게 해주셨고, 자가용이 고장 났을 때도 기도를 들으사 그 낡은 차를 거의 무료로 수리하고 새 타이어를 낄 수 있게 하셨다. 또한 우리 가정에 돈이 필요한 때면 기대하지 못했던 뜻밖의 수입으로 종종 놀라게 하셨다. 실제로 내 아내와 나는 "만약 우리에게 어떠한 여윳돈이 생기게 된다면 그것은 우리 집 세탁기가 고장 날 것이라는 하나님의 사전 통보일 거예요."라고 농담하기도 했었다. 한번은 이런 일이 있었다. 어느 날, 모든 일을 마치고 집으로 돌아온 나는 내게 보내진 큰 상자 하나를 발견하게 되었다. 그것은 예전에 내가 자라온 교회의 어느 부인이 보낸 것으로, 그 분을 못 만난 지는 꽤 여러 해나 되었다. 나는 매우 흥분된 마음으로 그 상자를 열었다. 그러자 말끔한 양복 세 벌이 눈에 띄었다. 그 옷들은 원래 애리조나에서 사업을 하고 있는 그녀의 아들이 입던 것이었는데 세 벌 모두 새 것이나 다름이 없었다. 스타일도 내가 좋아하던 것이었고 무엇보다도 내 몸에 꼭 맞아서 수선할 필요가 전혀 없었다.

현실을 살아가는 성도들에게 있어서 하나님을 절대적 공급자로 인식하는 일은 겸손함의 참 기쁨을 안겨 준다. 그것은 '과감한 변화의 자유'라고 바꾸어 말할 수 있는데, 그 모든 것은 우리로 하여금 하나님의 이름을 찬양하며 높여 드릴 수 있게 한다. 또한 그것은 하나님이 우리 안에서 역사하시고 우리를 통해 일하시도록 하기 때문에 우리 자신이 귀한 사람임을 느끼게 해주며, 그로 인해 우리의 성격과 신념과 대화에 변화를 가져다준다.

그러나 우리 안에 하나님을 인정하는 겸손의 마음을 심는 일이란 그리 쉬운 일이 아니다. 우리 가운데 많은 이들이 맥 데이비스의 노래 제목인 "겸손해지기란 어려워"(It's Hard to Be Humble)와 같은 태도를 취하고 있다. 물론 우리가 완벽하지 않다는 것은 누구나 알고 있다. 하지만 우리는 종종 마치 자신이 완벽한 것처럼 행동한다. 아마도 이 가사의 내용은

T.S. 엘리엇의 다음의 글에서 인용했을 것이다. "겸손은 우리가 이루어야 할 덕목 가운데 가장 어려운 일이다. 자신이 잘 났다고 생각하는 욕망을 제기하는 일이란 죽기보다 어렵다."

진정한 겸손의 마음 없이 겸손하게 행하려는 극단적 예가 최근 런딘에서 일어났다. 한 보행자가 길을 건너려고 기다리고 있었다. 그 때, 차를 몰고 지나가던 한 운전자가 속도를 늦추면서 그에게 지나가라고 손짓을 했다. 그러나 보행자는 운전자의 '겸손한' 친절에 고마움을 표시하지 않고 그냥 지나갔다. 그러자 운전자가 차에서 내려 쇠파이프를 집어들더니 보행자를 내리쳤다. 쓰러진 보행자는 광대뼈에 골절상을 입었다. 운전자는 떠나면서 이렇게 소리쳤다고 한다. "다음부터는 꼭 고맙다고 말해. 알았어?" 겉으로 드러난 상황으로만 보면, 운전자는 단지 자신의 겸손과 배려를 상대방이 알아주기만을 바랐던 것으로 보인다. 하지만 그는 분명 그가 베푼 모든 겸손한 행동에 대해 인정받기를 원했던 것이다. 그의 정의에 의하면, 겸손이란 그의 행동이나 말에 아무런 영향을 주지 않는 것이다.

공급자와 양육자로 일하시는 하나님께 자신을 맡길 때, 우리의 말은 매우 긍정적으로 변화될 것이며, 다음과 같은 말들을 하게 될 것이다.

● 우리의 지위와 소유, 그리고 이룩한 모든 일들이 하나님의 공로임

을 지혜롭게 인정하는 말.

● 우리가 다른 이들을 선하게 볼 수 있도록 하신 하나님께 감사하는 말.

● 사람들에게 근원적 공급자이신 하나님의 지위를 인정하도록 격려하는 말.

● 모든 환경 속에서 하나님께 감사드리는 마음을 표현하는 말.

겸손은 주인이신 하나님의 당연한 주권에 즐거이 순종하는 것이다. 겸손은 다른 사람들을 향해 의로운 마음을 갖게 하며, 하나님이 우리에게 부여하시는 일에 대해 감사한 마음으로 순종하게 한다. 겸손을 실천하는 삶은 우리의 언어에 혁명을 일으킬 것이다. 그로 인해 우리는 계속적으로 선한 말에 진정한 일인자가 될 것이다.

제9장

분노의 완화

분노가 말을 통해서 표출될 때, 그 것은 광범위한 영향을 끼치는 사회적 문제를 일으키게 된다.

어떻게 해야 이러한 분노의 말이 평안과 화해의 건설적인 말로 변화될 수 있을까? 그것은 분노의 마음을 인내의 마음으로 바꿀 때 가능해진다.

당신 혀의 불을 끄시오

● ● ●

분노는 더 이상 인내할 수 없을 때 튀어나온다. 서른 두 명의 아이에게 신발을 참을성 있게 신겨 주던 어느 초등학교 선생님의 이야기를 들어보자. 한 명씩 차례대로 신발을 신겨 주던 선생님은 어느 덧 서른 두 번째인 마지막 아이에게 신발을 신겨 주었다. 그런데 갑자기 그 아이가 말했다. "이건 내 신발이 아니에요." 그 말을 듣는 순간 선생님은 잘 참아오던 인내심을 잃고서 그 아이의 신발을 벗겨 버렸다. 하지만 아이의 말이 끝난 것은 아니었다. "이건 우리 언니 신발이에요. 언니가 오늘 하루만 이 신발을 신고 가라고 했거든요."

인내가 미덕이라는 격언은 누구나 아는 말이다. 그러나 그 반대인 분노가 부도덕한 일임을 생각하는 사람은 별로 없는 것 같다. 성급함은 화를 내는 마음의 전 단계로서, 종종 격한 말로 표출된다. 격한 말은 우리 마음속의 불에서 나오는 유독한 매연과 같은 것이다. 헨리 비처는 이에 대해 아주 적절한 말을 하였다. "무척 화가 났을 때, 그것을 말해 버리라. 그러면 당신이 가장 후회할 말이 될 것이다."

성경은 화가 난 사람들의 말과 그 분노의 원인이 무엇이었는지를 곳곳에서 보여주고 있다. 가인은 자신의 제물을 하나님께서 거절하시자 화를 내었다(창 4:5). 사울 왕은 자신보다 다윗이 백성들로부터 더 많은 칭송을 받을 때, 분노하였다(삼상 18:5-9). 요나는 원수의 나라인 니느웨가 멸망되기를 기대했는데, 하나님께서 그 일을 실행치 않으시자 분노가 일어났다(요나 4장). 탕자의 비유에 나오는 큰아들은 자신이 부당한 대우를 받았다고 생각되자, 아버지께 화를 내었다(눅 15:11-32). 예수님의 제자들은 야고보와 요한의 어머니가 예수님께 찾아와 그녀의 두 아들을 주님의 나라에서 권세 높은 지위에 앉혀달라는 부탁을 들었을 때, 분노하였다(마 20:20-28).

불행하게도 분노는 우리 삶에서 사라지지 않는다. 그것은 마치 계속해서 증식하고 번지는 암 덩어리와 같다. 분노는 거절, 질투, 실망, 이익 다툼, 비교의식과 같은 작은 일에서 시작되지만, 이러한 작은 원망들이 풀어지지 않을 때, 분노는 여러 가지 다른 문제들 속으로 번지게 된다.

가인의 거절당함에서 온 분노는 그의 동생을 살해하는 결과를 초래했으며, 그로 인하여 그는 내면에 두려움을 지닌 채 평생 유리하며 살아야 하는 하나님의 엄중한 심판을 받게 되었다. 사울의 분노는 그에게 번민과 우울함을 가져다주었고, 그 결과 다윗을 매우 미워하게 되었다. 요나의 분노는 그의 마음과 하나님에 대한 믿음을 변질시킴으로써 자기 연민과 침울함에 잡혀 자살 충동까지 일어나게 만들었다. 큰아들의 분노는 그의 생업과 장래의 모든 유산을 물려 줄 아버지와 불화하게 만들었다. 제자들의 분노는 절대적 연합이 필요한 단체 내에 분열과 다툼을 일으켰다.

분노가 말을 통해서 드러날 때, 그것은 광범위한 영향을 끼치는 사회적 문제를 일으킨다. 어떻게 해야 이러한 분노의 말이 평안과 화해의 건설적인 말로 변화될 수 있을까? 그것은 분노의 마음을 인내의 마음으로 바꿀 때 가능해진다. 신약성경에는 인내를 위한 두 가지 중요한 조언이 있다. 그 하나는 비록 우리에게 힘이 있더라도 해를 입히는 사람에 대해 악으로 갚지 말라는 것이며, 다른 하나는 억압 아래 있더라도 항상 선한 마음을 유지하라는 것이다.

이러한 인내의 두 가지 특성은 우리의 본능적 성품과 상반되는 것으로, 우리는 방해를 받거나 해를 입거나 또는 비난을 받으면 복수를 하려고 든다. 또한 우리는 살면서 어떤 억압을 당하면, 그 어려운 상황을 견딜 수 있는 은혜를 구하기보다는 벗어나기를 기도한다. 우리는 마치 엄

지손가락에 눌려 있는 젖은 수박씨처럼 매우 급하게 튀어나가려는 성향을 지니고 있는 것이다. 그래서 우리는 그 억압에서 벗어나지 못할 때, 우리를 누르는 세력에 대해 쉽사리 화를 내게 되는 것이다.

하나님의 말씀은 화가 난 마음에 대해 인내의 두 특성을 매우 교육적으로 적용시키고 있다. 불행하게도 어떤 사람들은 자신의 분노를 오랫동안 살펴보지 않음으로 인해 자신 안에 분노가 깊숙이 스며들도록 만든다. 이런 사람들을 우리는 "성난 사람"이라고 부르는데, 성경을 잘 아는 정신과 의사라면 상담 중에 이런 사람들의 오래 지속된 분노를 먼저 살펴보고 효과적으로 처리할 줄 알 것이다. 아무리 화가 난 사람일지라도 하나님의 말씀이 가르치고 있는 통찰력을 가지고 적용한다면, 인내에 대한 깨달음과 그것을 지키기 위한 예리한 판단력, 그리고 참된 평안을 얻게 될 것이다.

우선 우리는 분노가 하나님이 주신 자연스러운 정서 중에 하나임을 알아야 한다. 성경은 죄가 없으신 하나님께서 분노하시는 사건을 종종 언급하고 있는데, 이는 분노 자체가 죄가 아님을 의미하는 것이다. 분노는 우리에게 부정과 불경건, 그리고 사악함을 경고해주는 하나의 신호적 정서이다. 이는 우리로 하여금 잘못된 일로부터 무엇이 옳은 일인지를 알게 해준다.

이처럼 하나님은 어떤 잘못에 대한 의로운 반응으로 분노를 주셨음에도 불구하고, 우리는 종종 의로운 분노와 분별없는 분노를 혼동하고 있다. 그래서 성숙한 신앙인은 의분과 범죄적 분노를 잘 구별해내야 한다. 하나님께서 우리에게 분노를 주신 이유는 불의에 대해 경계심을 갖게 하기 위힘이지 화내는 것 자체를 위해 주신 것은 아니다. 그러므로 우리는 자신의 분노를 주의 깊게 살펴야 하며, 그것이 건설적인 반응에 사용되도록 힘써야 한다. 분노는 욕설과 폭력과 자기 파괴의 반응을 하는 대신에 기도와 깊은 관심과 의로운 행동, 그리고 원수를 사랑하고 내적 평안을 누리도록 허락하시는 하나님에 대한 믿음을 갖게 되는 기회로 바뀔 수 있다.

신약성경에 나오는 세 가지 명령은 우리로 하여금 분노에 대하여 건설적인 반응을 할 수 있게 해준다. 이 세 가지는 모두 인내의 적용을 포함하고 있다.

1. 성내기를 더디하라 (약 1:19)

이 단계는 분노가 일어나기 시작할 때, 그 분노를 다스릴 수 있는 능력을 개발시켜 준다. 이 일은 분노가 무엇 때문에 생겼으며, 그에 대하여 어떻게 반응해야 하는가를 생각하게 해준다.

2. 죄를 짓지 말라 (엡 4:26)

먼저 분노와 쉽게 연결되는 죄악들이 무엇인지 파악한다. 그러면 화가 날 때, 그것을 감지하고 예방할 수 있게 된다.

우리는 자신의 중심을 하나님께로 향하게 하고, 우리의 건설적 능력을 분노의 원인이 되는 사람이나 일에 쏟음으로 분노를 제거하는 방법을 배울 수 있게 된다. 이 단계는 내적 평안과 분노의 치유를 가져다주는 긍정적 반응의 적용 단계이다.

멈춰 서서 돌아보라

"성내기를 더디 하라"(약 1:19)는 야고보의 명령은 "화가 날 때는 열까지 세라"는 오래된 속담과 같은 의미의 말씀이다. 문자 그대로 더디 하라는 단어는 '멈춰서다' 또는 '지연시키다'라는 뜻이다. 이 지혜로운 충고는 우리에게 실생활에서 인내할 것을 요구하고 있다. 그것은 우리가 건설적인 대응책을 생각해 낼 때까지 압박 아래에서 선한 마음을 가지고 기다릴 것을 강조하는 것이다. 화내는 속도를 늦추는 일은 오랜 시간 동안 그 상황을 주의 깊게 돌아보는 자세에 의해서 이뤄질 수 있다.

우리의 분노를 지연시키면서 돌아보는 데에는 적어도 다섯 가지 방법이 있다.

1. 화난 사람에 대한 하나님의 말씀을 기억하라

만약 우리가 다른 사람들이 실수한 일들을 관심 있게 살핀다면 같은 실수를 범하지 않는 지혜를 얻을 것이다. 우리는 성경을 통해 하나님께서 화난 사람들을 다루시는 수많은 예를 볼 수 있다. 아래에 언급되는 세 가지 예화는 화가 난 상태에서 어떻게 생각하는 것이 지혜로운 것인지를 말해주고 있다.

● "네가 분하여 함은 어찜이며… 네가 선을 행하면 어찌 낯을 들지

못하겠느냐?" 이 말씀은 가인에게 하신 하나님의 질문이다(창 4:6-7). 가인의 분노는 그가 잘못한 상황에 대해 자책하는 반응이었다. 이와 비슷한 경우를 우리가 겪게 된다면, 솔직하게 그 상황을 검토하고 겸손히 회개하며 무엇이 올바르게 행동하는 것인지를 찾아야 할 것이다. 그렇다면 분노는 인내와 겸손이 조화된 좋은 감정으로 바뀔 것이다.

● "너의 성냄이 어찌 합당하냐?" 이 말씀은 요나를 향해 하신 하나님의 책망이다(욘 4:4). 요나는 이스라엘의 원수인 니느웨 성에 재앙이 내리길 원했다. 비록 불순종으로 인해 물고기 뱃속에 들어갔지만 자비로운 기도 응답을 체험했던 요나는, 이번에도 자신의 소원대로 하나님께서 들어주실 것이라 기대했다. 그러나 니느웨에 대한 처리는 하나님께서 하실 일이었다. 자신의 권한 밖의 일을 간섭하는 주제넘은 생각은 종종 불필요한 분노를 일으킨다. 비록 우리에게 달갑지 않은 일일지라도 계속해서 하나님의 뜻에 순종하는 일은 충성스런 말과 하나님께 영광 돌리는 말을 하게 하는 인내를 발달시켜 줄 것이다.

● "아버지가 이르되 얘 너는 항상 나와 함께 있으니 내 것이 다 네 것이로되"(눅 15:31). 이 구절은 탕자의 비유에 나오는 한 부분으로서,

동생에 대해 질투하는 형에게 한 아버지의 말이다. 우리는 자신을 남들과 비교하여 만족을 얻으려 하지만 그 결과로 종종 자기 연민과 분노에 사로잡히고 만다. 그 이유는 우리에게 주신 감사해야 할 모든 것들을 무시한 채 남이 가진 것만 생각하기 때문이다. 분노가 일어날 때, 우리는 그 분노가 남들과 비교하는 이기적인 마음에서 생긴 것이 아닌지를 깊이 생각해 보아야 할 것이다. 때때로 "즐거워하는 자들과 함께 즐거워하는 일"(롬 12:15)이 어려운 것은 사실이지만(배 아프니까), 모든 일에 감사하려는 지속적인 믿음은 분노와 불만을 소멸시켜 줄 것이다.

2. 자신이 화를 낼만한 충분한 이유가 있는지를 살피라

어떤 문제의 양면을 이해하려고 살펴보는 태도는 분노를 늦출 뿐만 아니라 분노에 대한 통제력과 올바른 생각이 우리의 말 가운데 반영되도록 영향을 미칠 것이다.

3. 다른 사람의 관점에서 그 상황을 이해하려 시도하라

종종 마음속으로 자신을 화나게 한 사람의 입장에 서보는 일은 분노를 진정시키고 포용력을 넓혀준다. 이런 시도는 상대방이 자신에게 왜 그러했는지를 어느 정도 이해하게 도와주기 때문이다. 이런 인내를 온유라고 하는 것이다(갈 5:23).

4. 분노의 명확한 원인을 찾아내라

당신이 그 원인을 빨리 찾을수록 빠르면 빠를수록 분노를 처리하기가 쉬워진다. 다음 페이지[도표 A]를 보면 분노의 10가지 일반적 원인과 그 문제를 처리하기 위해 갖춰야 할 몇 단계가 소개되어 있다.

5. 분노의 감정이 일어날 때 말로 표현하라

자신이 화났다는 것을 솔직하게 인정하는 일은 아주 놀라운 효과가 있다. 그러나 그렇게 하기가 쉽지는 않다. 우리는 보통 자신의 감정을 감추려 한다. 그것은 아마도 자존심의 문제로서 "나 지금 화났어"라고 말하기가 어렵기 때문일 것이다. 내가 어떤 일로 인해 조금 화가 났을 때, 아내가 "무슨 일로 화가 났어요?"라고 물으면 나는 갑자기 흥분하면서 "화 안 났어!"라고 대답하게 된다. 그 대답은 거짓일 뿐만 아니라 내 아내 또한 흥분하게 만들어 버린다. 그렇기에 가능한 한 정직하게 대답하는 것이 더 나음을 항상 느끼곤 한다. 만일 내가 화난 이유를 솔직하게 말한다면 아내와 그 문제를 놓고 어떻게 처리하는 것이 좋을지 의견을 나눌 수 있게 될 것이다. 하지만 그렇지 못할 경우라면 적어도 아내에게 기다려 줄 것을 요구하면서 내가 이 상황에 대해 올바르게 분별할 수 있도록 기도해 달라고 부탁할 수 있을 것이다.

언제든지 분노가 생기기 시작할 때, 이러한 인내의 다섯 가지 방법은

[도표 A]

분노의 원인	인내의 적용
계획성 없는 생활이나 별로 중요하지 않은 일에 신경 쓰다가 생기는 스트레스	해야 할 일들을 차분히 계획하고, 그다지 중요하지 않은 일들은 그만두며, 하루에 한 번씩은 불필요한 일들에 대해 "안돼"라고 말하는 훈련을 하라.
중요한 일들을 방치하거나 마무리 짓지 않는 나태한 생활 습관	일의 중요한 순서에 따라 최선을 다하라.
자신의 잘못으로 인한 분노	하나님과 사람 앞에 용서를 구한다. 특히 약한 부분에 대해서는 승리의 원칙을 적용하라.
의로움과 정의가 어지럽혀지는 경우	하나님께 심판을 맡기고(롬 12:17) 분노의 에너지를 건설적인 문제 해결 방안에 사용하라
상징적인 분노 – 과거의 상처를 떠오르게 만드는 현재의 어떠한 일로 생긴 분노	자신의 마음속에 다른 이를 괴롭히는 못된 성격이 있는지를 살펴보라(히 12:15). 다른 이들의 지난 실수를 계속해서 책망하는 것은 정당한 일이 아님을 생각하라. 필요하다면 유능한 상담자의 도움을 요청하라.
잔류되어 있는 분노 – 이전부터 계속 되어온 미해결의 상황들	조용한 시간에 마음을 열고 상대방을 찾아가 자신을 변명하지 않는 자세로 문제를 처리하라. 필요하다면 유능하고도 중립적인 제3자의 도움의 받으라.
기대한 만큼 이루어지지 않았을 때	그 모든 것이 하나님께 영광이 됨을 생각하라 (빌 1:20).
권리가 침해 받았을 때	자신의 주권을 하나님께 맡기는 사람은 필요한 모든 것을 공급받게 된다. 필요하다면 적절한 권위자를 찾아가 호소하라(정부, 부모, 사장).
감당할 수 없는 일을 당할 때	하나님의 절대 주권을 확신하며 주님의 계획에 복종하라. 그리고 고난 중에서도 하나님께 영광 돌릴 창조적 방법을 찾으라.
자신의 출세를 위한 계획과 꿈이 좌절되었을 때	'영원한 가치'라는 관점에서 그 꿈이 진정 값진 것인가를 평가해보고, 당신의 인생을 위한 하나님의 현명하신 계획에 복종하라.

분노를 늦추게 하며 그 전체 상황을 충분히 이해할만한 시간을 갖게 해 주므로 건설적이고도 올바른 반응이 무엇인지를 깨닫게 해 줄 것이다. 잠언 기자는 다음과 같이 말한다. "노하기를 더디하는 자는 용사보다 낫고 자기의 마음을 다스리는 자는 성을 빼앗는 자보다 나으니라"(잠 16:32).

분을 내어도 죄를 짓지 말라

분노와 관련된 두 번째 명령은 "분을 내어도 죄를 짓지 말라"는 것이다 (엡 4:6). 앞서 말했던 바처럼, 분노는 신호적 감정이다. 그렇기에 분노는 우리에게 어떠한 일이 잘못되었음(정의나 의로움이 왜곡되는)을 알려준다. 그러나 분노의 감정이 일어날 때, 잠시 멈추는 인내를 발휘하지 못한다면 이 감정은 우리를 순식간에 죄 가운데로 이끌 것이다.

위의 말씀은 화를 내는 일과 죄를 짓는 것이 분명 다른 것임을 시사하고 있다. 분노, 그 자체는 죄가 아니다. 다만 분노가 적절치 못하게 사용될 때, 죄가 되는 것이다. 이 점은 유혹과 죄의 관계에서도 마찬가지이다. 유혹을 받아도 넘어가지 않으면 죄를 짓지 않게 되듯이, 우리는 죄악된 반응을 일으키지 않고도 화를 낼 수 있다.

샌드위치에는 마요네즈를 넣어야 제 맛을 낼 수 있다. 하지만 마요네즈를 넣은 샌드위치는 빠른 시간 내에 먹지 않으면 쉽게 상하기 때문에 식중독을 일으키게 된다. 마찬가지로 분노도 적절한 때에 바르게 조절된다면 우리에게 유익을 줄 것이다. 하지만 참지 못하고 무조건 화를 낸다면 유익을 주기는커녕 상처만 입히게 될 것이다.

만약 계속 화를 내면서 무엇이 올바른지를 생각하지 못한다면, 죄는 마치 우리를 삼키려는 짐승처럼 웅크리며 기다릴 것이다(창 4:7). 마음속에 남아 있는 분노는 곧 부패하게 되며, 사람을 비꼬고 빈정대는 자기 파괴적 범죄로 변하게 된다. 사실 많은 죄악이 분을 품고 있는 데서 발생한다. 거짓말, 중상모략, 험담, 협박, 저주, 하나님의 이름을 망령되이 일컫는 말, 논쟁적인 말 등과 같은 언어적 범죄는 모두 분노가 잘못 사용되어 나온 것들이다. 살인, 질투, 불의, 분쟁, 다툼, 복수 등도 화난 마음에서 비롯된 범죄들이라 할 수 있다. 히브리서 기자는 다음과 같은 말씀으로 우리를 권면하고 있다.

"모든 사람으로 더불어 화평함과 거룩함을 좇으라 이것이 없이는 아무도 주를 보지 못하리라 너희는 돌아보아 하나님의 은혜에 이르지 못하는 자가 있는지 두려워하고, 또 쓴 뿌리가 나서 괴롭게 하고 많은 사람이 이로 말미암아 더러움을 입을까 두려워하고 "(히 12:14-15).

인내심을 가지고 화난 상황을 검토하는 태도는 우리를 여러 가지 죄로부터 지켜준다. 우리는 다툼과 죄책감과 소외감을 느끼게 하는 분노의 말 대신에 건설적이고 인내심 있는 치유의 말을 할 수 있다. 이러한 우리의 말은 다음과 같은 일들을 가져올 것이다.

- 자신의 화난 감정에 대해 솔직하게 시인하는 일.
- 분노와 연관된 죄와 싸울 수 있도록 기도해 줄 것을 요청하는 일.
- 분노에 적절하게 대응할 수 있는 경건한 조언을 구하는 일.
- 정확한 사실을 알 때까지 사람들에게 개인적 판단을 삼가면서 질문하는 일.
- 자신의 실수나 이기적인 태도의 결과로 화냈을 때, 겸손하게 용서를 구하는 일.
- 다른 이들에게 잠시 멈춰 서서 검토함으로 분노로 인한 죄들을 물리치라고 권면하는 일.
- 다른 이의 관점으로 상황을 생각해보는 온유한 이해의 마음.
- 하나님의 완전한 계획에 복종함으로 주께 영광 돌리는 일.

화가 치밀어 오를 때, 잠시 생각하는 것은 말을 잠시 멈추게 해주지만, 건설적인 말을 할 수 있을 때까지 침묵하는 편이 더 나은 경우가 많다. 침묵은 항상 우리에게 최선의 선택이 될 수 있다(시 131:3).

매년 여름마다 내가 집에서 맡는 일은 숯불에 고기를 굽는 일이다. 그

때마다 겪는 어려움은 바비큐 석쇠의 온도를 조절하는 일인데, 자칫 실수하여 숯불의 열기를 제대로 조절하지 못하면 고기는 숯처럼 검게 타 버린다. 그래서 얼마 전 뚜껑이 달린 바비큐 석쇠를 구입하였다. 고기를 굽는 동안 뚜껑을 덮어 놓으면 석쇠에 유입되는 산소량을 줄여 주기 때문에 숯불의 강렬한 기세를 적당한 온도로 조절하여 고기를 아주 맛있게 구울 수 있다.

멈춰 서서 돌아봄으로서 분노의 죄악을 물리치게 해주는 인내는 석쇠위에 뚜껑을 덮어 놓는 일과 같다. 그 인내는 분노에서 나오는 파괴적인 힘을 감미로운 말과 듣기에 좋은 말, 그리고 주변 사람들에게 새 힘을줄 수 있는 긍정적인 말로 변화시켜 줄 것이다.

제10장

인내의 적용

분노를 제거하는 데는 종종 시간이 필요하며, 감정으로부터 자유롭게 되기 위한 영적 훈련과 하나님께 그 일을 맡겨드리는 자세가 요구된다. 은혜롭게도 하나님은 우리에게 그 감정을 처리할 수 있는 시간을 주셨다.

악한 행동에 대한 선한 말

당신은 혹시 실수로 도난 경보기를 울리게 한 적이 있는가? 나에게는 그런 경험이 한 번 있다. 어느 주일 이른 아침, 교회에 도착한 나는 아무런 생각 없이 현관문에 열쇠를 꽂고 돌리다가 거의 심장이 멎을 뻔하였다. 갑자기 요란한 굉음이 울리기 시작한 것이다. 평온한 주일 아침, 그것도 너무 이른 시각에 주변 모든 이웃들의 단잠을 깨우고 말았다. 경찰이 출동되어 올 것이라는 생각이 들자, 더 당황되어 일전에 배웠던 경보기를 차단시키는 방법까지 잊어버리고 말았다!

분노는 바로 이와 같은 것이다. 우리의 삶 가운데 생각지도 못한 어떤

열쇠가 돌려지면 분노의 경보는 안팎으로 울려 퍼지게 된다. 이 때 우리는 당황하며 화를 내게 되는데, 그로 인해 주위 사람들의 평온함도 깨어지게 된다. 그러나 불행하게도 우리는 그 분노를 어떻게 차단시켜야 할지를 잘 모른다.

경보는 언제까지나 계속해서 울리는 것이 아니라 어느 한 때 울려지기 위해서 있는 것이다. 그렇기에 경보장치는 반드시 꺼져야 한다. 만일 그렇지 못하다면, 경보는 그 소리를 듣는 모든 사람들에게 불만과 충돌을 일으키는 원인이 될 것이다. 꺼지지 않는 경보는 단지 골칫거리에 불과하다.

앞 장에서 언급했지만, 분노는 경보장치와 같은 신호적 감정으로서 우리가 건설적으로 반응해야 함을 알려주는 역할을 한다. 하지만 우리가 무엇이 잘못 되었는지 시간을 갖고 검토하여 죄를 범치 않고 그 문제를 처리했다면, 이제 그 분노의 감정은 반드시 버려야 한다.

나는 노하기를 그치는 일이 우리에게 얼마나 어려운 일인가를 이해해 주신 하나님께 감사를 드린다. 분노를 제거하는 데는 종종 시간이 필요하며, 감정으로부터 자유롭게 되기 위한 영적 훈련과 하나님께 그 일을 맡겨드리는 자세가 요구된다. 은혜롭게도 하나님은 우리에게 그 감정을 처리할 수 있는 시간을 주셨다. "해가 지도록 분을 품지 말라"(엡 4:26). 하나님은 우리가 어제의 풀리지 않은 감정을 가지고 새 날을 시작하기를 원치 않으신 것이다.

또 다른 구절들은 분노를 즉시 쫓아버리는 것이 중요하다고 말씀하고 있다. 예를 들면, "분을 그치고 노를 버리라"(시 37:8)고 권면하고 있으며, "너희는 모든 악독과 노함과 분냄을 … 모든 악의와 함께 버리라"(엡 4:31)고 경고하고 있다.

만일 우리가 끌어 오르는 분노를 없애지 못한다면, 우리를 화나게 만든 상대방처럼 우리는 자신의 평판을 위태롭게 만들 것이다. 몇 년 전 인디애나 주의 어느 고등학교 졸업 앨범 편집장을 맡은 한 소녀가 쉽사리 분을 삭이지 못하고 있었다. 그러던 그녀는 졸업 앨범이 인쇄에 들어가기 직전에 평소에 싫어하던 몇몇 소녀들의 사진을 훼손하는 일을 저질렀다. 그들의 이를 검게 칠하거나 겨드랑이에 털을 그리는 등, 해서는 안 될 일을 범한 것이다. 그녀의 그러한 행동이 뒤늦게 발견되자, 학교 측은 500권이나 되는 졸업 앨범을 다시 제작해야만 했고, 편집장을 맡았던 소녀는 그 행동으로 피해를 입은 소녀들보다 더 당황스러운 일을 당하고 말았다. 그녀의 보복을 받았던 한 소녀는 이렇게 말했다. "걔가 한 짓이 괘씸하기는 했지만, 우리는 그것을 보고 웃겨서 죽는 줄 알았어요."그러면서 편집장에 대해 한마디를 덧붙였다. "걔는 질투가 심해요. 그래서 자기와 어울리던 남자가 다른 여자애들과 어울리는 것을 보면 난리가 나죠."

피해를 입은 소녀들은 잠시 분노를 느꼈지만, 곧 그 상황을 우스운 일이라고 넘겼다. 반면에 편집장은 자신의 경쟁자들로 인해 분노의 감정이 일어났을 때, 그 감정을 그 날로 잘 다스리지 못한 것이다. 그녀의 분노가 초래한 행동은 많은 사람의 주목을 받게 되었지만, 그녀가 원했던 것은 그런 것이 아니었을 것이다. 결과적으로 그녀만 바보 취급을 받게 된 것이다. 자제력을 잃은 분노는 종종 자신이 생각했던 것보다 더 안 좋은 행동을 하게 만든다.

극단적인 성향을 가진 사람들은 진정한 그리스도인이라면 화를 내서는 안 된다고 생각한다. 그래서 그들은 분노를 억누르려 하며, 심지어 자신에게는 분노가 아예 없는 것처럼 꾸민다. 이것은 비성경적인 거짓일 뿐만 아니라 생리학적으로나 심리학적으로도 위험한 일이다. 누군가가 "나는 감정을 억누를 때마다 속이 부글부글 끓어오른다"고 말한 것처럼, 분노를 자주 억누르는 사람은 곧 폭발하려는 시한폭탄처럼 되고 만다.

현대의 많은 치료사들은 이 문제의 심각성을 발견하고서 한동안 자신의 분노를 억누르지 말고 자유롭게 표출하라고 조언했다. '모든 것을 말해 버리라! 불만에 대해 소리 지르고 싶다면 그렇게 하라! 그러면 좀 나아질 것이다.' 물론 이러한 행동이 기분을 푸는데 잠시나마 도움을 주는 것은 사실이다. 하지만 많은 사람들이 자신의 흥분했던 말과 행동에 대해 곧 후회한다. 그런 감정의 표출로 상처 받은 사람들의 마음속에 자신에 대한 원망과 불신을 심어주기 때문이다. 뿐만 아니라 최근의 연구 발표에 의하면 '화가 날 때, 쉽게 화를 내는 일은 자신을 더 화나게 만들 뿐 가라앉게 해주지는 못 한다'고 지적하고 있다. 실제로 분노를 표출하는 방법은 증상에만 초점을 맞춘 것이지 문제의 원인을 해결해주지는 못한다.

하나님의 말씀은 우리에게 분노를 단호히 처리하라고 명령하신다. 우리는 분노를 무조건 억제하려 해서도 안 되며, 속 편하게 마음껏 표출해서도 안 된다. 성경이 종합적으로 말하고 있는 바처럼 우리의 분노를 멈추게 하기 위해서는 우리의 관점과 에너지를 방향전환 시키는 일이 필요하다.

관점 바꾸기

화가 났을 때, 우리는 분노의 원인을 향해 감정적 관점으로 대응하려는 성향이 있다. 분노에 자극을 받은 사람은 아주 지배적인 선입견을 갖게 된다. 그래서 어디를 가든지 자신이 당한 억울함을 생각하게 되며, 분한 마음을 풀어주지 못할 다른 사람에게도 그것을 말하고 다닌다. 또한 그 사람을 만나면 뭐라고 말할 것인지와, 그러면 그가 뭐라고 말할 것인지, 그리고 그의 말에 자신은 뭐라고 대응할지를 미리 계획하게 된다. 이러한 온갖 종류의 복수를 계획하고 공상하다보면 우리는 자꾸 분노의 감정에만 관심을 갖게 하는 사탄의 종이 되고 만다. 다른 사람들은 우리가 화났는지조차 모르고 있다. 설사 알았다 해도 우리가 힘들어하는 그 일에 대해 그들은 거의 신경 쓰지 않는다.

우리의 감정은 흔히 다섯 단계의 과정을 거치면서 발전한다. 첫째로, 우리는 그 문제에 대해 초조해 한다. 초조함은 마음속으로 그 문제에 대해 곰곰이 생각하도록 만든다. 그런 후 초조함은 질투로 발전한다. 아마도 우리는 자신의 아내가 다른 남자와 즐겁게 이야기를 한다거나, 자신의 남편이 직장에서 많은 시간을 보내는 일에 대해 질투를 느껴본 적이 있을 것이다. 그 질투는 분노로 급변하는데, 이때는 약하게 타오르는 불과 같은 상태이다. 이 분노가 계속해서 남아 있게 되면 폭발과 같은 격노로 발전하게 되고, 그 격노는 원한을 갚으려는 음모로 발전하면서 결국 마지막 단계인 행악에 이르도록 만든다.

종종 이러한 악을 행하는 이유는 우리가 비열한 사람이라기보다는, 그 일이 우리를 더 이상 공격받지 않도록 지켜주며, 정의를 실현하며, 우리에게 상처를 준 사람들의 행동을 변화시키는 힘이 되기 때문이다. 많은 경우 행악의 반응은 우리의 말을 통해 표현되는데, 예를 들면 우리를 괴롭힌 사람을 협박하는 말이나 상처를 주는 말, 얕보는 말, 정죄하는 말 등이 이에 속한다.

매일의 삶 속에서 일어날 수 있는 초조-질투-분노-격노-행악의 과정을 살펴보자. 한 아내가 남편에게 자신들의 결혼 생활에 뭔가 활력이 필요하다고 말하는 상황을 가정해보자. 그에 대한 반응으로 남편은 그녀에게 단둘이서 멋진 외식을 하는 것이 어떠냐고 묻는다. 그녀는 기뻐하면서 그보다는 집에서 촛불을 켜놓고 즐기는 저녁이 더 좋다며 자신이 준비하겠다고 말한다. 그 다음날 아침, 남편이 출근하려 하자, 그녀는 약속을 상기시킨다. "오늘 저녁 7시 잊지 마세요." 그러자 남편은 집을 나서면서 대답한다. "흠, 무척이나 기다려지는데." 아이들이 학교에서 돌아오자, 아내는 일찍 저녁을 먹이고 바로 침실로 보내어 잠을 재웠다. 식탁은 새로이 장식되고 음식 냄새는 과히 환상적이다. 벽난로에는 모닥불이 타오르고, 감미로운 음악이 잔잔하게 흐른다. 어느덧 식탁에는 촛불이 켜지고, 드디어 정각 7시! 아내는 이 특별한 저녁을 준비하기 위해 모든 최선을 다했다. 그런데 시간은 자꾸 흐르고 남편은 나타나질 않는다. 이런 상황에서 당신이 아내의 입장이라면 어떠할까?

- 7:10 - 초조 : 그녀는 무슨 일이 생기지 않았나 걱정한다. '교통 혼잡인가? 혹시 교통사고?'
- 7:30 - 질투 : '교통사고가 났다면 지금쯤 경찰로부터 연락이 왔을 거야.' 그녀는 다시 이런 생각에 잠긴다. '일이 나보다 그렇게 중요해? 사업이 나와 함께하는 시간보다 더 중요하단 말야? 이게 사업상의 약속이었으면 절대 안 늦었을 거야. 적어도 전화라도 했겠지.'
- 7:45 - 분노 : 그녀는 잔뜩 긴장하면서 적개심을 갖기 시작한다. 그러면서 점점 속이 끓어 오른다.
- 8:00 - 격노 : 집 안 마당으로 차가 들어오는 소리가 들리자, 그녀는 재빨리 자신의 접시에 담긴 음식을 쓰레기통에 버린 뒤 빈 접

시를 다시 식탁에 놓는다. 그리고는 그의 몫이 담긴 접시를 냉동실에 넣고서 남편이 들어오기 전까지 가능한 차갑게 만든다.

- 8:03 – 행악 : 집에 들어서는 남편은 이미 죄인이나 다름없다. 더 정확히 말하면 아내가 남편을 죄인 취급하는 것이다. 이런 남편을 대하는 방법은 아마도 다양할 것이다. 침묵하든지, 화난 감정을 말로 쏟아 놓든지, 울든지, 차갑게 대하든지, 아니면 그녀가 가장 효과적이라고 생각되는 그 어떤 방식으로 대할 것이다.

남편이 성의 없고 무책임하게 행동했기 때문에 아내가 화를 내는 것은 당연한 일일 것이다. 그는 최소한 전화라도 했어야 했다. 그럼에도 불구하고 4단계(격노)나 5단계(행악)에 직면하게 되면, 남편은 방어적인 자세를 취하게 된다. 겸손하게 사과하는 대신에, 그는 바람직하지 못한 방법을 선택한다. 예를 들면 침묵을 하든가, 집을 뛰쳐나오든가, 아니면 자신의 입장을 주장하면서 싸우려 하는 것 말이다. 하지만 그가 어떤 선택을 하든지 간에 애정을 회복해보려 했던 두 사람의 바램은 나중으로 연기되고야 말 것이다.

이러한 분노의 부정적인 흐름을 겪는 사람들에게 시편 37편은 그보다 더 나은 방법을 제시하고 있다. 시편 기자는 "행악자"와 "불의를 행하는 자"(1절)에 의해 상처를 받는 사람들이 있음을 알고서 권면하고 있다. 그러면서 그는 초조, 질투, 분노, 격노, 악행, 이 모든 것이 하나님의 관점에서 벗어나는 일들임을 지적하고 있다(8절). 그는 본문을 통해 분노의 원인으로부터 우리의 관점을 자유롭게 하고, 그로 인해 분노의 근원적 해결자가 되시는 하나님께로 우리의 관심을 돌리게 하는 다섯 가지 바람직한 반응을 제시하고 있다. 이러한 다섯 단계의 반응은 의뢰함(3절), 기뻐함(4절), 맡김(5절), 안식함(7절), 그리고 참고 기다림(7절)이다. 자, 그럼 하나하나 자세히 살펴보도록 하자.

의뢰하라

하나님을 의뢰한다는 것은 하나님의 성품과 그의 말씀에 나타난 네 가지 확고한 사실들을 의지하는 것이다.

- 하나님은 공의로우시다. 불의가 저질러질 때마다 하나님은 공의로우신 분이기에 그에 대해 정확하게 판단하신다.
- 하나님의 말씀은 하나님께서 악에 대해 그 행한 대로 보응하실 것을 약속하고 있다.
- 하나님은 행악자들의 삶이 변화되도록 효과적으로 역사하실 것을 약속하신다.
- 하나님은 그를 의뢰하는 자들을 보호하시려고 역사하신다.

이러한 사실들은 창세기 18:25, 로마서 12:17-21, 히브리서 12:5-11,

잠언 3:11-12; 18:10의 말씀에서 그 근거를 찾을 수 있다. 이러한 네 가지 사실들을 통해 하나님을 의뢰할 때, 우리는 복수를 하려 하거나, 잘못된 것을 변화시키려고 애쓰거나, 또는 해악으로부터 우리를 보호하려고 할 필요를 더 이상 느끼지 못할 것이다. 왜냐하면 이 모든 일들은 하나님께서 책임지실 일이기 때문이다. 하나님께서 책임지고 일하신다는 것을 깨닫는 일과 모든 일을 하나님께서 돌보신다는 사실을 믿는 일이야 말로 화가 났을 때 하나님을 향하는 첫걸음이다.

기뻐하라

이 단계에서는 두 가지 상황을 생각해 봐야 한다. 첫 번째로, 우리는 하나님께서 우리를 순전하고도 성숙하게 하시려고 삶 속에 시련을 허용하신다는 말씀을 생각해야 한다(약 1장). 만일 어떠한 문제로 인해 화가 나더라도 이 말씀을 굳게 붙잡을 수 있다면, 그 고난을 하나님께서 긍정적으로 이용하시는 도구로 받아들이게 될 것이다. 따라서 고통에도 불구하고 우리는 하나님의 뜻을 인정하는 법을 배울 수 있으며, 또한 시련의 결과로서 오는 성숙함에 대해 감사할 수 있게 된다.

두 번째로 생각할 것은 우리를 괴롭게 한 사람들의 삶 속에도 하나님께서 일하신다는 것을 아는 데서 오는 기쁨이다. 사실 하나님께서 우리의 대적을 어떻게 회개의 길로 이끄시며, 어떻게 새롭게 하시는지를 지켜보는 일은 매우 놀라운 경험이다. 비록 그들이 하나님의 자비로운 인도를 받아들이지 않는다고 해도, 우리는 기뻐할 수 있게 된다. 왜냐하면 하나님의 공의는 종국에는 반드시 성취되기 때문이다.

　확실하게 의뢰하고 기뻐했더라도, 당신의 귀에 이러한 사탄의 속삭임이 들릴 수 있다. "저들이 저렇게 지내도록 그냥 내버려 둘 거야?" 또한 당신의 친구들이 이렇게 말할 수 있다. "네가 너무 착하니까 그렇게 당하고만 사는 거야. 너도 공격해!" 이처럼 화가 나거나 공격을 받을 때마다, 하나님의 일하심에 계속해서 내 자신을 맡겨드려야 함을 깨닫는다. 만일 내가 7시 45분에 공격을 받았다면, 나는 마음속으로 하나님을 신뢰하며 그분이 바르게 일하실 것임을 기뻐할 수 있다. 하지만 내 관심이 하나님에게서 나를 공격한 대적에게로 흘러간다면, 나는 다시금 내 관심을 하나님께서 일하시기로 약속한 말씀 쪽으로 계속해서 맞추어야 할 것이다. 8시 5분, 8시 7분, 그리고 9시 23분이 되어서도 말이다.

　당신이 앞선 세 과정을 잘 따랐다면, 고요함과 평안의 감정이 당신의 심령 속에 자리 잡을 것이다. 당신이 주님을 신뢰하고, 기뻐하고, 당신 자신을 그분에게 맡기면 맡길수록, 내적 평안이 주어질 것이다. 문제를 하나님께 맡겨드림으로 인해, 당신의 분노는 점차 사라지고 결국 당신은 그 감정을 정리할 수 있게 된다.

　당신의 시선을 하나님의 일하심에 고정한 채 살아간다는 것은 매우 어려운 일이다. 육체의 압력은 우리를 다시금 죄의 노예로 전락시키려고 계속적으로 그 힘을 더 할 것이다. 이런 압력 가운데 하나가 시간이라는 세력이다. 만일 하나님께서 우리의 상황을 우리가 원하는 만큼 빨리 바꾸어 주시지 않는다면, 우리는 옛 사람의 행동인 "초조–질투–분노–격노–행악"으로 되돌아 갈 것이다. 참고 기다린다는 것은 하나님의 일하시는 때가 언제이든 간에 꾸준히 이러한 다섯 단계의 긍정적 반응에 전념하는 것을 의미한다.

　하나님의 일하심 가운데 어떤 것은 마지막 심판 날까지 유보될 수 있다는 사실을 기억하라. 우리는 하나님께서 일하실 것을 계속 붙잡음으로서 참된 평안과 선한 양심을 누릴 수 있으며, 나아가서는 여러 체험을 통해 깊은 성숙에 이를 수 있게 된다. 따라서 우리는 하나님께서 우리를 위해 즉시 일해 주실 것을 붙잡을 것이 아니라 어찌하든지 하나님께 복종하려는 마음 자세를 가져야 할 것이다.

　가정주부인 샐리는 자신의 남편이 보모와 부정한 관계를 가진 것을 알게 되었을 때, 자기 자신을 이러한 다섯 단계의 원칙에 적용시켰다. 그것은 매우 어려운 일이었으나 그로 인해 그녀는 평안과 양심, 그리고 그 과정이 가져다주는 성숙을 체험할 수 있었다. 그녀는 하나님께서 일하고 계심을 의뢰하는 마음으로 시편 37:1-11을 자주 암송하였다. 그러던 어느 날, 그녀는 육체의 압력에 굴복하고 말았다. 그녀의 관심이 하나님에게서 다시금 남편에게로 향하고 만 것이다. 여러분이 상상할 수 있는 것처럼 그녀는 분노에 찬 말을 내뱉음으로 거대한 폭발을 일으키고 말았다. 나중에 들은 말이지만, 그녀가 그렇게 언어적 표출의 쾌락을 즐기고 있을 때, 갑자기 시편 37편의 말씀(의뢰-기뻐함-맡김-안식함-참고 기다림)이 그녀의 마음속에 마치 네온사인처럼 떠올랐다고 한다. 그녀는 "그 말씀은 분노를 표출하고 싶은 모든 욕구들을 몰아내어 주었어요."라고 고백했다. 그녀는 다시금 마음을 가다듬고서 하나님을 의뢰하는 평안을 새로 누릴 수 있었다. 이처럼 우리가 하나님을 지속해서 바라본다면 복수심을 제어할 수 있는 인내를 갖게 될 것이다.

에너지 전환시키기

우리의 관심을 문제가 되는 상황으로부터 하나님께로 돌리는 법을 배운 것처럼, 또한 우리는 우리의 에너지를 전환시키는 법을 배워야 한다. 이 과정은 분노로 인해 생긴 에너지를 건설적인 해결을 위해 사용하는 것이다. 분노를 성공적으로 다루기 위해서는 그 상황을 하나님께 맡겨드릴 뿐만 아니라 분노의 대상을 향해 건설적으로 행동하는 일이 요구된다. 우리는 "여호와를 의뢰하고 선을 행하라"(시 37:3)고 말하면서 이 명령을 적어도 네 가지의 중요한 행동을 통해 완수할 수 있을 것이다.

적극적인 행동

용서는 나를 괴롭힌 자를 하나님께서 다스리고 계심과 내 삶의 유익을 위해 그를 사용하고 계심을 믿을 때 가능하다. 나는 매번 화가 날 때마다 그것이 내 자신을 다시금 하나님께 향하도록 하는 기회가 된다고 생각하면서, 분열을 치유할 수 있는 새로운 방법이 무엇인가를 생각하게 된다(엡 4:31-32; 벧전 2:19-25).

진정한 용서는 자신을 화나게 한 사람에게 단순히 기회를 한 번 더 주는 것 이상의 일이다. 우리는 그 이상의 일에 도전해야 하며, 실제로 그 사람에게 사랑을 보여주는 시도를 해야 한다.

"아무에게도 악으로 악을 갚지 말고 모든 사람 앞에서 선한 일을 도모하라 할 수 있거든 너희로서는 모든 사람으로 더불어 평화하라 내 사랑하는 자들아 너희가 친히 원수를 갚지 말고 진노하심에 맡기라 기록하였으되 원수 갚는 것이 내게 있으니 내가 갚으리라고 주께서 말씀하시니라 네 원수가 주리거든 먹이고 목마르거든 마시우라 그리함으로 네가 숯불을 그 머리에 쌓아 놓으리라 악에게 지지 말고 선으로 악을 이기라"(롬 12:17-21).

사도 바울은 위의 말씀에서 원수들의 진정한 필요를 채워주는 사랑의 깊이에 대해 말하고 있다. 우리의 원수들의 필요를 세심하게 살피며 돌봐주는 태도야 말로 "네 원수를 사랑하라"(마 5:44)는 주님의 말씀의 핵심일 것이다. 원수의 필요를 채워주는 것과 그들을 위해 기도하는 것은 치유를 위한 적극적이고 강력한 방식이다.

정직한 반응

다음으로, 우리는 상처를 입힌 사람과 솔직하게 대화를 나눔으로 분노의 에너지를 전환시킬 수 있어야 한다. 물론 이것이 항상 쉬운 것만은 아니다. 그러나 만일 우리가 하나님께서 그 상황과 나의 원수를 다스리실 것을 진정으로 믿고 따른다면, 우리는 상대방을 정죄하지 않으면서도 자신이 느꼈던 것에 대해 말할 수 있을 것이다. 우리를 화나게 한 사람과 대화를 나눌 때, 우리는 마음에 몇 가지 유의해야 할 사항이 있다.

- 대화를 나눌 시간과 장소를 지혜롭게 선택해야 한다. 상대방이 당신을 화나게 할 때, 바로 그와 맞서는 것은 현명한 일이 아니다. 그러나 그 후에 커피 한 잔 하자고 요청하면서 그 일에 대해서 당신이 어떻게 생각했었는지 의논하고 싶다고 말할 수 있을 것이다.
- 대화를 원활하게 이끌어갈 말을 주의 깊게 선택하라. 마음을 활짝 열고서 방어적이지 않은 태도로 말하는 것이 중요하다. 또한 화난

채 성급한 결론을 내리지 않도록 주의하라. 그리고 그들의 입장을 설명할 수 있는 기회를 주라. 예를 들면, "당신이 내게 그렇게 말했을 때, 어떤 기분이었나요?"라고 물을 수 있다.

● 지난 일 가운데 자신에게도 잘못한 부분이 있음을 인정하는 겸손한 태도를 가지라. 이런 자세는 종종 상대방으로 하여금 그들의 잘못도 인정하게 만든다.

● 당신이 생각한 그 상황을 비난하지 않는 태도로 설명하라. 이러한 행동은 그들로 하여금 당신의 생각을 이해하는데 도움을 줄 것이다.

● 분노가 다시 일어나게 할 만한 대화는 절대적으로 피하라. 사람은 한 마디의 말에도 기분이 상하여 다시 다툴 수도 있기 때문이다. 화난 감정을 제어하면서 그들과 솔직한 대화를 해나간다면 성숙하고도 만족스러운 결론에 도달할 수 있을 것이다.

비록 상대방이 당신의 말을 듣고 대화 나누기를 거절할지라도, 당신의 믿음이 중재하시는 주님 안에 굳게 설 수 있도록 "의뢰함–기뻐함–맡김–안식함–참고 기다림"의 과정을 계속해서 유지하라. 이는 당신의 마음속에 분노가 다시 차오르는 것을 확실하게 막아줄 것이다.

책임 있는 반응

악을 바로 잡아야 한다는 책임을 깨닫는 일은 분노의 에너지를 전환시키는데 있어서 매우 중요한 단계이다. 하나님께서는 부정하거나 불의한 사람들을 훈계하기 위해서 일정한 권위를 부여하셨다. 정부, 교회, 부모님, 그리고 고용주는 모두 하나님께 승인받은 권위의 매개체들이다. 행악자가 사람들을 곤란하게 만들 때, 이러한 권위 중 어느 한 곳에 호소하는 일은 합법적인 행동이다. 그러므로 우리는 하나님께서 공의와 훈계의 역사를 완성하실 보이지 않는 많은 매개체들을 가지고 계심을 기억해야 한다. 개인적인 어려움에 대한 어떤 단계는 반드시 기도와 분별과 인내를 가지고서 행해야만 할 것이다.

힘을 다 소진하는 반응

운동은 분노의 에너지를 건설적으로 전환시키는 또 다른 방법이다. 나의 한 친구는 어려운 문제가 있을 때마다 조깅을 하면서 건설적인 대응책을 생각해내곤 했다. 가정주부는 집을 청소하면서 분노의 에너지를 처리할 수가 있다. 집안 청소는 건설적인 대응을 위해 기도하며 계획할 수 있는 좋은 기회가 된다.

이처럼 우리의 관점과 에너지를 전환시키는 일은 우리 마음에 인내를 갖게 해준다. 인내는 분노의 말을 사라지게 해주며 동시에 다음과 같은 말을 대신하게 한다.

- 용서의 마음을 반영하는 말.

- 건설적인 말.

- 문제를 해결로 이끄는 말.

- 정죄하지 않는 말.

- 문제에 대한 하나님의 절대적인 해결을 확신하는 말.

- 때에 맞는 아주 지혜로운 말.

- 다른 이들의 필요나 심지어 원수들의 필요에 대해 민감하게
  반응하는 말.

- 하나님께서 일하시도록 평안히 침묵할 것을 권면하는 말.

- 우리의 삶뿐만 아니라 원수들의 삶 속에 하나님이 역사하신다는
  긍정적 소망을 전하는 말.

사람들은 때때로 아주 잔인한 말을 해서 상대방에게 잊을 수 없는 상처를 안겨주기도 한다. 나는 지난주에 자살한 어느 십대 청소년에 대한 기사를 읽었는데, 그녀가 자살한 이유는 친구들이 그녀의 몸무게에 대해 무례한 말로 조롱했기 때문이라고 한다. 불행하게도 이런 비극의 유형은 갈수록 흔한 일이 되고 있다. 하지만 1993년 미네소타 주에 사는 한 십대 소년의 기사는 아직도 내 기억에 남는다. 그는 12명의 소년들로부터 성적으로 아주 노골적인 놀림을 계속 당해왔다고 한다. 그가 처음으로 괴롭힘을 당한 것은 1학년 때부터라고 한다. 소년은 그에 대한 대응으로

처음에는 입 닥치라고 욕을 하거나 그들과 싸웠다고 한다. 그러다가 그는 자신을 도와줄 학교 선생님들을 찾아갔다. 하지만 아무도 그의 말을 믿어주지 않았다고 한다. 하지만 그는 포기하지 않았다. 어느 날 그는 녹음기를 학교에 가지고 가서 자신을 모욕하는 말들을 녹음했다. 그 결과 다섯 명의 소년들이 정학 처분을 받았고, 그 소년을 3년이나 보호해주지 못한 학교 당국은 고소를 당했다.

물론 이것이 괴롭힘의 문제를 바로 잡는 좋은 본보기라고 할 수는 없지만, 그래도 계속되는 괴롭힘을 지혜롭게 다룬 소년의 인내는 칭찬받을 만하다. 어린 청소년들일수록 비극적인 선택을 하기가 쉽다. 하지만 우리가 장성한 성인으로서 우리를 괴롭히는 사람들에 대해 인내를 가지고 지속해서 노력한다면, 아마도 여러 관계들을 다시 회복할 수 있을 것이다.

인내는 화난 말을 변화시키는 미덕이다. 인내는 분노를 멈추고 상황을 검토하는 시간을 갖게 해서 분노로 인한 범죄를 멈추게 한다. 또한 진정한 인내는 하나님을 바라보는 믿음을 굳게 해주며, 우리에게 상처 입힌 사람들에게도 조건 없는 사랑을 베풀게 하는 강한 원동력임을 발견하게 할 것이다.

제11장

믿음과 사랑의 삶

자기중심적인 두려움을 극복하고 변화시킬 수 있는 방법은 무엇일까? 성경은 "온전한" 사랑이 우리에게서 두려움을 내어 쫓는다고 말하고 있다(요일 4:18). 그러나 사랑에 앞서 믿음이 선행되어야만 한다. 우리는 하나님께서 보살펴 주시리라는 것을 확신할 때, 자신의 이익을 구하는 것으로부터 벗어나 다른 사람을 더욱 사랑하고 그들에게 관심을 기울이게 된다.

사랑으로 두려움을 극복하라

두려움은 우리를 정서 장애자로 만든다. 어두움을 두려워했던 나는 어린 시절 잠을 쉽게 이루지 못할 때가 종종 있었다. 그러한 두려움은 여러 가지 방법으로 나를 기만하였다. 어두움 속에서 의자 위에 놓인 옷가지를 괴물처럼 보이게 하는가 하면, 침대 밑에 뱀이나 악어가 있을지도 모른다는 공포감을 느끼게도 했으며, 침대 위 시트 사이의 손이 닿지 않는 곳에 아무도 모르는 어떤 무서운 것이 있을지도 모른다는 상상에 빠지게도 하였다. 그때마다 나는 아버지를 불렀으며, 그가 내 방에 들어와 불을 켠 다음에야 마음에 안정을 되찾았다. 빛이 들어와 어두움을 몰아내면서 두려움이 사라졌던 것이다.

이 세상에서 두려움을 느끼지 않을 만큼 담대한 사람은 아무도 없다. 두려움은 우리를 영적으로나 육적으로 마비시켜 마치 무서워서 침대의 시트 속에 숨는 어린 아이처럼 되게 하므로 자기가 마땅히 해야 할 것들을 하지 못하게 만든다. 두려움은 우리에게서 용기와 사랑의 말을 할 수 있는 영적인 힘과 의지를 빼앗아가고 약화시킨다. 그러면 우리는 사람들에게 그리스도를 전파하고, 다른 사람의 유익을 위해 자신의 영적 은사를 활용하며 섬기는 삶을 살며, 물질을 사용하고 자신의 성장과 발견을 위해 새로운 영역에 과감히 뛰어드는 것을 두려워하게 된다.

두려움은 또 우리를 사단의 공격에 무방비상태로 방치시킨다. 예를 들어, 젊은 여자가 자기의 남자 친구와 헤어지는 것을 원하지 않을 때, 그녀는 남자 친구와 헤어지지 않기 위해 자신의 행동이 하나님의 뜻에 어긋나는 것임을 뻔히 알면서도 그것을 행하게 된다. 그리고 일시적인 헤어짐과 미지의 세계에 대한 두려움은 많은 사람들로 하여금 선교를 위한 소중한 기회를 놓치게 한다. 또 우리로 하여금 자신의 명예나 돈, 권력, 사회적 신분, 또는 친구를 잃게 될지도 모른다는 두려움은 성경이 제시하는 신념을 골라서 받아들이고, 하나님 앞에 의로운 모습으로 서야 할 우리의 의무와도 적당히 타협하게 한다. 이처럼 사단은 두려움을 통해 우리의 삶을 조종하고 있는데, 그 가운데 상당 부분이 우리의 혀와 연결되어 있다.

그러면 두려움에서 비롯된 말을 사랑과 격려의 말로 바꿀 수 있는 방법은 무엇일까? 우리의 두려움에 대해 성경이 제시하는 치유책은 무엇일까? 우리가 자신의 삶으로부터 두려움을 물리치기 위해 사용할 수 있는 방법에는 두 가지가 있다. 그것은 믿음과 사랑이다.

정서적인 면에서 볼 때, 두려움은 자기중심적인 특징이 강하다. 두려움이 존재하는 것은 우리가 자신을 보호하고 지키기 원하는 것에 원인이 있다. 이러한 종류의 두려움은 때로 건전한 수단이 되기도 한다. 화상에 대한 두려움은 어린 아이로 하여금 자기의 손을 뜨거운 난로 위에 놓지 않게 한다. 맹수에 대한 올바른 인식에서 오는 두려움은 우리로 하여금 야영장에 덩치가 큰 회색곰이 나타날 때 급히 피할 수 있도록 할 것이다. 그런가 하면 두려움이 종종 파괴적인 모습으로 나타나는 경우도 있다. 한 예로, 우리는 다른 사람이 자기의 계획을 간섭하고 꿈을 실현하는 것을 방해할 때 그를 장애물로 여겨 제거하기 위해 말로 위협하거나 비난을 한다.

그러면 이와 같이 자기중심적인 두려움을 극복하고 변화시킬 수 있는 방법은 무엇일까? 성경은 "온전한" 사랑이 우리에게서 두려움을 내어 쫓는다고 말하고 있다(요일 4:18). 그러나 사랑에 앞서 믿음이 선행되어야만 한다. 우리가 하나님께서 자기에게 맡기신 모든 것을 자기 혼자서 보호하고 지켜야 할 책임이 있다는 잘못된 생각에 빠질 때, 우리는 두려움에 사로잡히고 만다. 우리 혼자의 힘으로는 자신의 현재 상태나 미래의 꿈을 위협하는 외부의 세력에 맞서 싸울 수가 없다. 왜냐하면 그러한 세력이 나보다 훨씬 더 강하기 때문이다. 우리는 하나님께서 우리를 보호해 주실 것과 우리에게 필요한 것들을 살펴 공급해 주실 것을 믿을 때 비로소 두려움을 극복할 수가 있다(시 56:3). 우리가 하나님께서 보살펴 주시리라는 것을 확신할 때, 자신의 이익을 구하는 것으로부터 벗어나 다른 사람을 더욱 사랑하고 그들에게 관심을 기울이게 된다.

우리가 영적으로 버림받은 친구에게 복음을 전하기 위해서는 그에게 구원이 필요함을 깨닫고 자신의 죄를 시인하게 하는 하나님의 능력이 나타날 것임을 확신하는 믿음이 있어야 한다. 우리가 물질로 다른 사람을 돕기 위해서는 우리에게 필요한 것을 주겠다고 말씀하신 하나님의 약속을 믿는 믿음이 필요하다. 우리가 자기의 진로를 계획함에 있어 하나님께 맡기고 그 분의 뜻에 순종하기 위해서는 자신을 향한 하나님의 지혜와 사랑에 의탁하는 믿음이 있어야 한다.

두려움을 물리치기 위해서는 성경이 가르치고 있는 믿음과 사랑을 그대로 실천하는 것이 무엇보다도 필요하다. 격려와 인자한 말을 위해서는 이것이 선행되지 않으면 안 된다.

앞장에서 살펴본 것처럼, 이스라엘 민족은 10명의 정탐꾼이 약속의 땅에 대한 보고를 갖고 돌아왔을 때 불평하고 원망했다. 여리고 성의 라합은 병사들에게 거짓말을 했다. 베드로는 대제사장의 뜰에서 저주하고 맹세하며 주님을 부인했다. 이러한 일들이 일어난 이유가 무엇일까?

위의 경우들에 있어 사람들은 자기 중심적인 두려움에 갇혀 있었으며, 그들의 말에는 이러한 두려움이 그대로 나타나 있다. 그들은 하나님께서 자신들을 구원해 주실 것을 의지할 수 있었으며, 그것은 저들의 믿음에 대한 담대한 증거가 됐을 것이다. 그들은 모두가 하나님께서 행하신 당신의 백성에 대한 구원의 역사를 알고 있었다. 하지만 그들은 스스로 자신을 보호해야 한다는 잘못된 억측에 빠져 있었다.

그와 반대로 사드락과 메삭과 아벳느고는 맹렬히 타오르는 풀무불 앞에서도 하나님께서 자신들을 구원해 주실 것을 의지하는 놀라운 믿음을 보여주었다. 그들에게서는 자신들에 대해 염려하는 모습이 조금도 나타나지 않았다. 그들은 혹독한 시련 속에서도 하나님께서 자신들을 안전하게 보호해 주실 것을 확신하는 믿음을 보여주었지만, 만약에 하나님께서 그렇게 하시지 않는다 할지라도 그분에 대한 자신들의 믿음에는 변화가 없으리라는 것을 확증해 주었다(단 3:16-18). 그들의 믿음은 상황에 좌우되지 않는 무조건적인 것이었으며, 그들의 말 속에는 하나님께서 결과와 상관 없이 예배와 섬김을 받으시기에 합당한 분이시라는 것을 보여주는 확고한 믿음이 나타나 있었다.

시편 기자는 다음과 같이 노래했다. "내가 두려워하는 날에는 주를 의지하리이다. 내가 하나님을 의지하고 그 말씀을 찬송하올지라. 내가 하나님을 의지하였은즉 두려워 아니하리니 혈육 있는 사람이 내게 어찌하리이까. . . 내가 아뢰는 날에 내 원수가 물러가리니 하나님이 나를 도우심인줄 아나이다. 내가 하나님을 의지하여 그 말씀을 찬송하며 여호와를 의지하여 그 말씀을 찬송하리이다. 내가 하나님을 의지하였은즉 두려워 아니하리니 사람이 내게 어찌하리이까?"(시 56:3-4, 9-11).

다음과 같은 하나님의 네 가지 성품은 우리가 두려움에 직면했을 때 그분을 의지할 수 있는 이유가 된다. 그것들은 하나님의 임재와 능력, 보호 그리고 예비이다. 이러한 네 가지 성품은 우리의 믿음을 더욱 굳건하게 세워줄 것이다.

하나님의 임재

어렸을 때 나는 가족과 함께 뉴욕시(New York City)의 가장 위험한 구역 가운데 있는 어느 교회를 방문한 적이 있다. 저녁 예배 시간이었는데, 우리가 도착했을 때는 이미 날이 어두워지고 있었다. 우리는 차를 한 블록 떨어진 곳에 주차시키고 걸어가고 있는데 왠지 점점 두려움이 느껴졌다. 다행히도 우리는 교회에 안전하게 도착하여 무사히 예배를 마쳤다. 예배

가 끝나자 담임 목사님은 집사님 두 분을 시켜 우리를 차가 주차된 장소까지 바래다주도록 했다. 건장한 체구의 집사님들은 마치 경비 요원처럼 보였다. 아까와는 비교가 안 될 만큼 완전히 어두운 밤이었지만 우리는 더 이상 두렵지 않았다. 그 이유가 무엇일까? 그것은 우리 가족을 보호해주는 사람들이 함께 있었기 때문이다.

성경은 우리에게 두려울 때 하나님의 임재를 의지하라는 말로 가득차 있다. 하나님께서는 여호수아에게 "네가 어디로 가든지 네 하나님 여호와가 너와 함께 하시기"(수 1:9) 때문에 두려워하지 말라고 명령하셨다. 양을 치던 다윗은 우리에게 목자이신 하나님께서 함께 하시기 때문에 어떠한 해도 두려워할 필요가 없음을 말하고 있다(시 23:4). 그리고 히브리서는 우리에게 담대한 태도를 권하고 있다. "내가 과연 너희를 버리지 아니하고 과연 너희를 떠나지 아니하리라 하셨느니라. 그러므로 우리가 담대히 가로되 주는 나를 돕는 자시니 내가 무서워 아니하겠노라. 사람이 내게 어찌하리요 하노라"(13:5-6).

하나님의 능력

하나님께서는 무한한 능력의 소유자이실 뿐 아니라, 당신의 백성을 위해 그 능력을 사용하는 것을 기뻐하신다. 우리 안에는 하나님의 능력이 내재하여 우리로 그분을 증거케 한다(행 1:8). 하나님의 말씀에는 우리에게 죄를 깨닫게 하고 변화시키는 능력이 있다(히 4:12). 하나님의 능력은 우리에게 필요한 것을 공급해 주고(빌 4:19), 우리가 어려움에 처할 때 힘을 주며(고후 12:8-10), 우리를 감당할 수 없는 시험과 시련에서 지켜주고(고전 10:13), 하나님께서 허락하시는 시험으로부터 피할 길을 준다(10:13). 하나님의 능력은 우리에게서 모든 두려운 것들을 제거해 준다. "하나님이 우리에게 주신 것은 두려워하는 마음이 아니요 오직 능력과 사랑과 근신하는 마음이니"(딤후 1:7).

하나님의 보호

성경은 우리에게 보호자로서의 하나님에 대해 매우 명확하게 묘사하고 있다. 하나님께서는 이스라엘 백성을 군사적인 측면에서 그들보다 훨씬 우월한 적으로부터 여러 차례에 걸쳐 보호해 주셨다. 예수님께서는 당신을 미워하는 군중들 사이를 걸어 다니셨지만 아무런 해를 당하지 않으셨다. 하나님께서는 종종 당신의 백성에게 고난을 허락하시되(히 11:35-38), 당신의 계획에 따라 가장 필요하다고 생각되는 때에 그들을 보호하는 역동적인 능력을 발휘하신다.

성경은 하나님께서 행하신 극적인 보호의 섭리에 대해 여러 차례 기술하고 있다. 그 중에서도 아브라함의 아내를 보호하신 사건은 특히 그러한 경우에 해당한다(창 20장). 사라가 아비멜렉 왕의 후궁이 되었을 때 하나님께서는 왕의 집안의 모든 태를 닫고 왕을 치명적인 병에 걸리게 하시므로 그녀를 보호하셨다. 하나님께서는 당신을 의지하는 자들을 보호하는 것을 특히 기뻐하신다. 그리고 우리를 고난으로부터 구원하시지 않을 때는, 우리에게 그것을 감당할 은혜를 베푸시므로 우리를 보호하신다 (고후 12:7-10).

시편 제91편은 하나님을 가리켜 피난처로 묘사하고 있다. "지존자의 은밀한 곳에 거하는 자는 전능하신 자의 그늘 아래 거하리로다. 내가 여호와를 가리켜 말하기를 저는 나의 피난처요 나의 요새요 나의 의뢰하는 하나님이라 하리니"(1-2절).

하나님의 예비

하나님께서는 우리를 위협하는 상황들을 물리치기 위해서 우리에게 필요한 모든 것을 공급해 주신다. 하나님께서는 말씀을 통해 우리에게 당신의 풍성한 성품을 확신시키시며, 우리의 삶 가운데 실제 교훈을 통해 역사하신다. 하나님께서는 또 우리를 위해 기도하고, 우리와 함께 기도할 수 있는 믿음의 형제를 붙여주신다. 우리 안에는 우리를 위해 기도하시고, 인도하고 가르치시며, 하나님께서 우리의 모든 필요를 채워 주신다는 사실을 확신시켜 주시는 성령께서 내주하고 계시다.

우리에게서 두려움이 사라지게 하는 믿음은 우리 자신이 아닌 하나님의 임재와 능력과 보호, 그리고 예비하시는 능력을 온전히 의지하는 신앙이다. 이러한 믿음은 우리로 하여금 어떠한 상황 가운데서도 하나님께 대해 보다 강한 담대함과 충성과 헌신을 유지하게 한다. 하나님을 의지하는 마음은 의심과 불평, 분노, 거짓, 시기와 남을 헐뜯고 험담하는 말을 제거해 준다. 우리는 또 이처럼 입으로 죄를 짓는 말 대신 다음과 같은 말을 하게 된다.

- 어떠한 희생을 치르더라도 의로운 삶을 살겠다는 결단의 말.
- 하나님의 풍성하심을 증거하는 말.
- 환경과 상관 없이 하나님께 대한 확신과 충성을 표현하는 말.
- 위험 앞에서도 진실을 증거하는 말.
- 사람들에게 하나님의 임재와 능력과 보호와 예비하시는 은혜를 체험할 것을 권하는 말.
- 우리를 해롭게 하고 괴롭히는 자들을 용서하는 말.
- 어려움에 처했을 때 도움을 베푸시는 하나님과 사람들에게 고마움을 표하는 말.
- 우리가 체험한 구원과 은혜를 간증하는 말.

우리는 하나님께 대한 믿음이 성장할수록 그분을 더 사랑하게 되며, 그것은 또 우리로 다른 사람을 사랑하게 한다. 사랑과 두려움은 서로가 정반대의 관계에 있다. "사랑 안에 두려움이 없고 온전한 사랑이 두려움을 내어쫓나니"(요일 4:18). 지금까지 우리가 말한 것처럼 두려움이 자기 중심적인 것이라면, 참다운 사랑은 다른 사람의 필요에 관심을 기울이는 것이다. 이러한 면에서 당연히 사랑이 두려움보다 훨씬 더 강한 힘을 갖고 있다.

하나님의 말씀이 말하는 사랑은 오늘날 우리 문화가 인식하고 있는 개념보다 훨씬 더 우월하고 심오한 의미를 갖고 있다. 하나님의 사랑은 진정 필요한 것들에 관심을 보이며, 우리에게 있어 다른 사람의 필요를 위해 자기가 소중히 여기는 것을 기꺼이 바칠 수 있는 동기가 된다(요 3:16; 롬 5:8). 그리스도께서 우리를 하나님의 사랑으로 사랑하신 것처럼 우리도 다른 사람을 그러한 사랑으로 대해야 한다(요 15:9-13). 이러한 사랑은 우리에게 죽음에 대한 두려움도 물리치게 한다.

하나님의 사랑은 무조건적이다. 하나님의 사랑은 특정한 신분이나 행동의 결과로 주어지는 것이 아니다. 성경은 우리에게 하나님께서 사랑이시라는 것을 분명하게 밝혀주고 있다(요일 4:8). 따라서 우리에 대한 하나님의 사랑은 우리의 신분이나 행위와는 전혀 무관하게 주어진다. 우리를 향한 하나님의 사랑은 그분의 깊은 마음으로부터 나온다. 그리스도의 십자가 죽음이 가능했던 것은 바로 그 이유 때문이다. 예수 그리스도께서 우리를 위해 돌아가신 것은 우리에게 그럴 만한 자격이 있어서가 아니라, 그분께서 근본 사랑이시기 때문이었다.

예수님께서는 또 이렇게 말씀하셨다. "내 계명은 곧 내가 너희를 사랑한 것같이 너희도 서로 사랑하라 하는 이것이니라"(요 15:12). 우리는 하나님께서 우리를 사랑하신 사랑으로 서로 사랑해야 한다. 하나님의 사랑을 소유한 우리는 모든 사람에게 그들의 자격이나 가치와 상관 없이 동일한 사랑을 실천해야 한다.

C. S. 루이스(C. S. Lewis)는 「순전한 기독교」(Mere Christianity)란 자신의 책에서 이렇게 말하고 있다. "세상 사람들은 자기가 좋아하는 사람에게는 친절히 대한다. 그러나 모든 사람을 친절히 대하려 하는 그리스도인은 자기가 처음에는 좋아하리라고 상상조차 하지 못했던 사람을 포함하여 살아가면서 더 많은 사람들을 사랑하게 된다."(The Best of C. S. Lewis, The Iversen Associates, p. 505).

하나님의 사랑은 감정적인 반응이 아니라 의지적인 행동이다. 다시 말해, 다른 사람에 대한 우리의 사랑은 의지적으로 택하는 것이다. 만약에 우리가 누군가를 사랑하고 싶은 마음이 생길 때까지 기다린다면, 그것은 가변적이며 독단적인 것이 될 것이다. "하나님의 사랑이 우리 마음에 부은바 된"(롬 5:5) 우리에게는 자신의 감정과 상관없이 다른 사람의 부족한 것을 채워줄 수 있는 능력이 있다.

우리가 다른 사람을 사랑하면 할수록, 그들은 물론 자신에 대해서도 보다 더 긍정적인 생각을 갖게 된다. 재물이 있는 곳에는 우리의 마음도 있다(마 6:21). 우리가 시간과 기도와 물질을 바쳐 사랑할 때, 거기에는 자연스레 우리의 마음이 따라가 서로 더욱 돈독한 관계로 발전하게 된다. 하나님의 사랑은 우리에게 올바른 감정을 고취시킨다.

사람들에게 이러한 사랑을 실천하는 것은 동시에 하나님께 대한 우리의 사랑을 나타내는 것이기도 하다. 우리는 사람들에게 그들에 대한 하나님의 관심을 기꺼이 함께 나눌 때 그분께 대한 우리의 사랑을 증거하게 된다(요일 5:3). 우리가 하나님의 사랑을 실천하는 것은 그분의 제자임을 보여주는 표증이기도 하다(요 13:34-35). 우리의 전인격을 바쳐 하나님을 사랑하고 이웃을 내 몸과 같이 사랑해야 한다는 그리스도의 명령에는 하나님을 사랑하고, 이웃을 사랑하는 신적인 사랑의 이중적 속성이 분명하게 나타나 있다(마 22:34-39). 우리가 하나님의 관심사와 다른 사람의 필요한 것들에 주의를 기울이는 참다운 사랑을 실천할 때 우리로부터 두려움이 떠난다. 우리가 다른 사람의 필요한 것들에 관심을 쏟을 때 자신의 복리에 대한 자기 중심적인 염려로부터 비롯되는 두려움이 더 이상 무성하게 자라지 않는다. 우리가 역경 속에서도 하나님을 의지할 때, 자신을 생각하지 않고 사랑 안에서 하나님께 대한 관심과 다른 사람의 필요한 것들을 보살피는 일에 자신을 마음껏 내어드릴 수가 있다.

우리가 열렬한 마음으로 하나님의 사랑을 실천할 때 제일 먼저 우리의 언어 습관에 아름다운 변화가 나타난다. 다른 사람의 필요를 채워주는 가장 위대한 능력 가운데 하나는 사랑과 관심 어린 마음에서 합당한 말로 격려하는 것이다. 그러나 유감스러운 것은 우리가 다른 사람의 필요에 대해 일정한 거리를 유지하면서 한 편으로는 그럴싸하게 관심을 보이며 빈 헛말이나 안부를 묻는 경향이 있다는 것이다. 예를 들면, 우리는 실제 아무런 관심도 없으면서 "좀 어떠세요?" 하고 묻는다. 우리는 "내가 사람의 방언과 천사의 말을 할지라도 사랑이 없으면 소리 나는 구리와 울리는 꽹과리에" 지나지 않는다는 고린도전서 13:1절의 경고에 귀를 기울여야 한다.

고린도전서의 본 장은 참다운 사랑의 14가지 특징을 열거하고 있다. 그것들은 우리가 진정한 사랑을 하고 있는지의 여부를 판단할 수 있는 기준이 되며, 또 하나님께서 사람들의 상처 입은 마음을 치료하고, 위로하며 독려하시므로 그들에게 의로운 삶과 믿음을 촉구하시기 위해 역동적으로 사용하시는 온유하고 인자한 말들을 통해 명백하게 드러난다. p.233의 도표는 사랑의 각 특징이 두려운 마음을 어떻게 효과적으로 대체시켜 주는지 보여주고 있다.

우리의 마음이 하나님과 다른 사람들에 대한 사랑으로 고동칠 때, 그 결과가 우리의 입을 통해 즉각 나타난다. 사랑하는 마음은 우리의 말을 통해 다양한 방법으로 명백하게 드러난다.

오래 참음. 오래 참는 사람은 자기가 원수 갚는 것을 할 수 있을 때에도 그것을 하지 않는다. 용서와 이해와 사랑으로부터 비롯되는 인내의 말은 위기에 처한 대인 관계를 회복시켜 준다. 오래 참는 사람은 원수가 진정으로 잘 되고 형통하기를 바라는 말을 한다(마 5:43-48; 롬 12:17-21).

온유함. 온유한 말은 다른 사람이 갖고 있는 어려운 문제나 입장, 또는 무거운 짐에 대해 민감한 반응을 나타낸다. 온유함은 다른 사람을 진정 이해하기 위해 묻고, 부드럽고 다정한 말로 독려한다.

시기하지 않음. 우리가 진정 다른 사람을 사랑할 때는 그가 잘 되는 것을 보고 몹시 기뻐하며 우리의 말에 그런 감정이 그대로 녹아난다. 하지만 다른 사람을 향해, "참 잘 했습니다", "축하합니다", "당신 때문에 행복해요", "당신은 충분히 그럴 만한 자격이 있어요"라고 말하는 사람을 찾아보기란 그렇게 쉬운 일이 아니다. 나아가 하나님께서 다른 사람을 자기보다 축복하시는 것을 보고 기뻐한다는 것은 훨씬 더 어려운 일이다.

자랑하지 않음. 사랑하는 마음은 자신의 성공과 유익한 것들에 대한 공을 하나님께 돌린다.

겸손함. 진정 겸손한 사람은 자신의 잘못을 시인하며, 자기의 유익한 것에 대해 하나님께 영광을 돌리며, 그리스도께 기꺼이 순종하는 말을 한다.

다른 사람에게 관심을 가짐. 사랑하는 마음은 자신의 이익을 추구하는

[도표 B]

두려움(자기 중심)	사랑의 변화시키는 특징	사랑(타인 중심)
자신의 보호를 위해 남을 맹렬히 비난함; 자신의 약점이 드러날 것을 두려워함	오래 참음	자기에게 피해 준 사람을 유익케 하고자 노력하면서 그의 삶 가운데 하나님께서 역사하실 것을 믿음
자기만을 생각함. 자신에게 관대하며, 다른 사람도 자기에게 그렇게 해주기를 기대함	온유함	다른 사람의 관점에서 삶을 바라보고, 가능한 한 이해하는 마음으로 그들을 도우려 함
자신의 손실을 두려워 함. 다른 사람이 가진 것을 자신의 없는 것과 비교하며 불평함	시기하지 않음	다른 사람이 형통하는 것을 기뻐하고, 그들의 기쁨을 함께 나눔
사람들의 시선을 끌려고 노력하며, 사람들로부터의 칭찬을 잃을 것을 두려워 함	자랑하지 않음	자신과 다른 사람의 성공에 대한 원인을 하나님의 선하심에 초점을 맞춤
자신의 신분과 명예를 빼앗길 것을 두려워하고, 남보다 앞서기 위해 전력을 다함	겸손함	자신과 다른 사람의 삶 가운데 하나님께서 진정으로 첫 번째 자리를 차지하시길 원함
자신의 권리와 특권을 크게 내세워 최고의 이익과 유익을 추구함	다른 사람에게 관심을 가짐	하나님과 다른 사람에게 있어 최고의 관심사를 추구함
자신의 개인적인 영역과 꿈, 욕망을 보호하는 것에 민첩함	쉽게 성내지 않음	모든 상황에 대해 잠시 멈추었다가 하나님과 그리고 다른 사람의 관점에서 판단함
훗날 자신을 방어하거나 다른 사람을 협박 또는 지배하는 무기로 쓰기 위해 그들의 잘못을 머리 속에 기억해 둠.	다른 사람의 잘못을 기억하지 않음	지난날의 잘못을 용서하고, 그것을 통해 당사자를 지배하려 하지 않음
자신의 지위와 사적인 이익을 보호하고 향상시키기 위해 악한 음모를 꾸미거나 말을 사용함	악을 기뻐하지 않음	악은 항상 모든 관련 당사자에게 해가 된다는 사실을 인식하고, 하나님과 다른 사람들에 대한 악을 기꺼이 삼가 하려 함
자기에게 유리할 때는 진실의 가치를 인정하지만, 자신을 보호하거나 이익을 위해 필요할 때는 거짓말하는 것을 서슴지 않음	진리를 기뻐함	자신의 잘못도 기꺼이 시인할 만큼 진실의 가치를 인정함
자신의 보호를 위해 다른 사람에게 영적, 신체적인 위해를 가하는것을 주저하지 않음	보호함	자신을 희생하면서까지 다른 사람을 위험으로부터 보호해 주려 함
의심과 의혹이 많으며, 부정적이되 개인적인 손실의 위험이 따를 때 특히 더함	모든 것을 믿음	거짓임이 드러날 때까지 남을 기꺼이 믿어주고, 돈독한 신뢰 관계의 구축을 추구함
다른 사람이 그의 지위나 신분을 이용해 유익을 차지할 것이 두려워 그의 잠재적인 능력을 방해하고 폄하함	소망함	개인적으로는 자신에게 위협이 될지라도 다른 사람의 잠재 가능성을 믿어주고, 그것의 개발을 권함
사랑을 실천하는 것이 어렵고 불편하거나, 실익이 없다고 판단될 때는 당장이라도 그것을 중단함; 다른 사람에게 이용당하거나 손해 보지 않기 위해 항상 경계함	견딤	외적인 상황이나 사랑을 받는 사람의 가치와 상관없이 끝까지 사랑함

것이 아니라, 다른 사람에게 유익하고 중요한 것이 무엇인지에 관심을 기울인다. 남에게 진정한 관심을 기울이는 자는 그가 말하는 것을 처음부터 끝까지 묵묵히 듣는다.

성내지 않음. 쉽게 성내는 사람과는 말하는 것이 어렵다. 그에 반해 쉽게 화내지 않는 사람은 찾는 이가 많다. 우리는 상대의 이야기를 충분히 듣고 나서 적절한 질문할 때 지혜로운 평가와 반응을 제시할 수 있다.

다른 사람의 잘못을 기억하지 않음. 하나님의 사랑은 다른 사람이 이전에 잘못한 것이나 이미 용서한 것에 대해 다시 거론하지 않는다. 참다운 사랑은 다른 사람이 잘못을 범할 때, "그럴 줄 알았어."란 식으로 결코 말하지 않는다. 사랑은 과거의 잘못을 완전히 잊고, 미래에 대해 독려하는 말만 한다.

악을 기뻐하지 않음. 사랑은 험담이나 비난, 혹은 다른 사람에 대해 부정적으로 말할 수 있는 모든 요소를 제거한다. 사랑은 다른 사람을 잘못된 길에 빠지도록 조장하거나 그의 불행을 기뻐하지 않는다. 그리고 하나님의 의로우심에 어긋나는 것에 대해 몹시 안타깝고 슬프게 생각하며, 하나님께 신실하게 복종하는 말을 한다.

진리를 기뻐함. 우리가 진실하게 행동하지 않는다면, 그 밖의 모든 사랑의 특징들은 아무런 의미가 없다. 사랑으로 가득한 마음은 겸손과 온유와 다른 사람의 유익을 구하는 것 등의 사랑이 갖고 있는 특징 외에 진실을 말한다.

보호함. 보호하는 말은 부정적인 정보를 접했을 때 다른 사람들로 하여금 그것에 대해 의심을 버리고 긍정적인 생각을 갖도록 하는 반응을 보인다. 말의 대상이 되는 사람에게는 종종 그를 대변해 줄 사람이 필요하며, 그때 우리는 다음과 같은 말을 통해 그를 보호해 줄 수 있다. "당신은 알고 있는 것들에 대해 모두 사실이라고 확신할 수 있나요?" "나는 그 사람에 대해 잘 압니다. 하지만 그러한 일은 절대 사실이 아닐 것입니다." 그리고 만약에 이러한 말이 사실로 밝혀질 때는, "우리 이 일을 아무에게도 말하지 말고, 그것을 건설적으로 해결할 수 있는 방안을 위해 기도합시다." "이러한 말들에 대해 그에게 찾아가서 본인의 말을 직접 들어보는 게 어떨까요?" 하고 옹호적인 반응을 보일 것이다.

모든 것을 믿음. 사랑으로 가득한 마음은 입을 통해 다른 사람에 대한 신뢰를 확증한다. 그러나 이것은 어리석을 정도로 순진하거나 연약한 것과는 다르다. 신뢰는 의혹이나 판단 또는 의심하는 말을 하지 않으며, 상대방에 대해 사실이 밝혀지기까지 그의 존엄성과 가치를 존중한다.

소망함. 사랑이 가지고 있는 소망적인 특징은 미래에 대해 낙관적인 견해를 갖게 한다. 따라서 이것은 언제나 긍정적인 가치관과 가치 의식, 위기 극복, 그리고 문제에 대한 궁극적인 해결 가능성의 관점에서 말한다. 이러한 소망은 우리에게 그리스도의 능력 안에서 모든 것이 가능하다는 것을 확신시켜 준다(빌 4:13).

견딤. 하나님의 사랑은 어떠한 악조건 속에서도 참고 이겨낸다. 이것

은 우리에게 원수를 향해서도 사랑을 표현할 수 있게 해준다. 이러한 인
내심이 있을 때 우리는 고난 가운데서도 다른 사람을 향해 지속적인 관
심을 보이는 것이 가능하다. 극한 고통 가운데서도 그것을 참고 인내하
는 것은 사랑의 이러한 특징 때문이다.

말을 통해 입증된 "믿음과 사랑"이 철저히 조화를 이룬 삶의 모범적
인 실례 가운데 예수 그리스도께서 보여주신 것보다 더 위대한 것이 없
다. 예수께서는 당신의 생애 가운데 가장 심각한 위기 상황 속에서도 아
버지를 의뢰했으며, 다른 사람에게 있어 꼭 필요한 것들에 관심을 보이
는 것을 잠시도 잊지 않으셨다(벧전 2:21-25). 그분께서는 십자가 위에서도
다른 사람들에 대한 관심을 보이셨다. 당신을 핍박하는 자들에 대한 용
서를 구했으며(눅 23:34), 요한에게는 당신의 어머니에 대한 보살핌을 부탁
하셨다(요 19:26-27). 그리고 마침내 세상을 향해 "다 이루었다."(30절)고 외치
시므로 우리를 위한 사랑의 사역이 죽음을 통해 완성되었음을 말씀하셨
다. 우리에게는 예수 그리스도께서 가지신 것과 동일한 하나님을 향한
태도와 신앙을 발전시키는 것이 하나의 커다란 도전이 된다(빌 2:5).
믿음과 사랑에 대한 철저한 결단은 우리로부터 두려움으로 인한 죄를
몰아내고, 우리의 입술을 자비와 관심과 용기의 말로 채워준다. 마음 가
운데 두려움이 사라지고 믿음과 사랑으로 어우러진 아름다운 장면을 즐
기며, 말을 통해 다른 사람들과 기쁨을 함께 나누도록 하라.

제12장

금 사과

유익한 말은 지혜롭고, 택한 은이며 많은 사람을 즐겁게 하고 하나님을 기쁘시게 하고, 생명을 지키며, 분노를 쫓아내는 바퀴며, 치료자요, 생명나무며 충만한 지식이요 신실함을 보여주는(잠 10:19-21; 12:22; 13:3; 15:1, 4; 17:27; 31:26) 특징이 있다. 사실이지 합당한 말은 "아로새긴 은 쟁반에 금 사과"(25:11)와 같다.

긍정적인 말을 위한 결단

● ● ●

1996년, 나는 직장에서 퇴직한 후 조지아 주에 있는 크로거(Kroger) 수퍼마켓을 단골로 이용하다 세상을 떠난 85세의 노인에 대한 기사를 읽은 적이 있다. 기사는 그에 대해, "사람들을 몹시 불쾌하게 하고 오만하며, 모든 것이 자기가 원하는 대로 되길 바라다가 그렇게 되지 않으면 아주 못마땅해 하는 사람"으로 묘사하였다. 그는 매일 아침 그곳에서 식사를 했는데, 더운 여름에는 셔츠를 입지 않거나 신발을 신지 않은 채 올 때도 있었다고 한다. 어떤 때는 눈살을 찌푸리고 불만을 터뜨리며, 식당 여종업원들의 뚱뚱한 몸매를 지적하기도 하였다.

그런데 노인이 암으로 죽은 지 몇 주 후 한 남자가 가게에 찾아와 종업원들에게 10,000달러짜리 수표를 몇 장 내놓았다. 그는 죽은 노인의 재정 고문으로 노인이 평소 여종원들에 대해 호의적인 마음이 있었으며, 그 돈이 그들에게 매우 유용하게 사용될 수 있을 것이라고 생각했다는 사실을 설명해 주었다. 그렇다면 그들이 그러한 횡재를 차지할 수 있었던 이유가 무엇일까? 그들은 평소에 노인의 말에 잘 대답해 주었다. 그가 도저히 이해할 수 없는 것으로 시비를 걸고 모욕적인 행동을 해도, 종업원들은 그의 비위를 맞추고 그를 정중히 대해주었다. 그리고 그가 병으로 입원했을 때는 문병까지 갔다. 종업원들은 단지 친절히 대해주었을 뿐이라고 생각하였다. 그들은 어떠한 대가도 기대하지 않았으며, 따라서 그의 유산 가운데 일부라 할 수 있는 수표를 받게 되었을 때 크게 놀라지 않을 수가 없었다.

좋은 말은 한다고 해서 반드시 그러한 물질적 보상이 따르는 것은 아니다. 그러나 하나님의 말씀은 다른 사람에게 복된 말을 하는 자들이 받게 될 여러 가지 상급에 대해 강조하고 있다. 유익한 말은 지혜롭고, 택한 은이며 많은 사람을 즐겁게 하고 하나님을 기쁘시게 하고, 생명을 지키며, 분노를 쫓아내는 바퀴며, 치료자요, 생명나무며 충만한 지식이요 신실함을 보여주는(잠 10:19-21; 12:22; 13:3; 15:1, 4; 17:27; 31:26) 특징이 있다. 사실이지 합당한 말은 "아로새긴 은 쟁반에 금 사과"(25:11)와 같다.

합당한 말에 대한 하나님의 가르침에 무지한 세상에서 긍정적인 언어 습관을 개발하는 것은 우리에게 있어 하나의 중요한 도전이 된다.

그러나 당신이 말이 갖고 있는 신성한 면을 그대로 유지한 채 사람들에게 보다 나은 본이 되기 위해서는 다음과 같은 세 가지의 중요한 결단이 요구된다.

- 자신의 영적 성숙을 개발한다.
- 다른 사람에 대해 장점만을 말한다.
- 잘못된 언어 습관에 대해 바르게 반응한다.

성숙을 위한 결단

당신이 가장 먼저 결단해야 할 것은 자신의 겸손과 인내와 사랑을 발전시키고 영적 성숙을 개발한다는 것이다. 이것은 평생에 걸쳐 이루어지는 특징을 가지고 있는데, 하나님의 말씀을 통한 성령의 가르침을 통해 가능하며, 주의 깊은 실천과 반복적인 결단이 있을 때 삶 가운데 견고한 뿌리를 내린다.

다음에 소개하는 몇 가지의 방법은 우리가 일상 속에서 사랑과 인내와 겸손을 실천하는데 있어 유익한 것들이다.

먼저 이 세 단어에 대해 당신 자신의 말로 정의를 내려라. 겸손과 인내와 사랑의 의미에 대해 당신이 생각하는 것을 정확하고도 실질적인 관점에서 정의를 내리도록 하라. 정의는 간단 명료하고 성경적이어야 하며, 흥미롭고 타당성이 있어야 한다. 그리고 창의성이 있어야 한다.

당신이 내린 정의와 관련 성구를 머리 속에 기억해 놓아라. 참다운 겸손과 인내 그리고 사랑의 본질과 중요성에 대한 자신의 인식을 강화시키기 위해 반복해서 되뇌이고 암기하라.

성령께 이 세 가지의 영역을 더욱 개발시켜 주실 것을 위해 규칙적으로 기도하라. 기도는 성령의 역사를 가능하게 할 뿐 아니라, 당신에게 자신의 결단이 계속 생각나도록 도와줄 것이다. 대부분의 사람들에게는 이러한 기도가 하루에도 몇 차례씩 필요할 것이다.

적게 말하고, 많이 들어라. 겸손과 인내와 사랑의 원리를 통해 당신의 입을 관리하라. 다윗은, "여호와여 내 입 앞에 파수꾼을 세우시고 내 입술의 문을 지키소서"(시 141:3)라고 기도하였다.

자신을 자주 평가하라. 당신의 목표는 세상의 낮은 기준이 아니라, 자신이 세운 새로운 기준에 따라 사는 것이다.

인내하라. 당신의 생각과 언어 습관은 하루 아침에 바뀌지 않는다. 따라서 지속적인 노력이 필요하다.

다른 사람에 대한 나쁜 소문을 들을 때 우리에게는 그것을 계속해서 비난하고 소문내거나 불평 내지는 사람들 사이에 웃음거리로 만들고 싶은 충동이 자연스럽게 일어난다. 이러한 행동은 잘못한 사람을 회복시키기는커녕 그로 더욱 소외당하게 하는 결과를 초래한다. 그리고 그는 머지않아 모든 사람이 자기를 적대시하는 것과 같은 기분을 느끼게 될 것이다. 그로 인해 그의 마음에는 다시금 원한과 분노의 씨가 뿌리를 내려 동료 신자들과의 사이가 더 멀어지게 될 것이다. 경우에 따라서는 그가 사람들로부터 부당한 대우를 받고 있다고 생각되어 그를 편들어주고 싶은 마음이 일어나기도 한다. 그러나 이것은 문제의 해결책이기보다 하나님의 자녀들 사이를 찬반으로 가르고 그들을 분열시키는 결과를 가져다 줄 수 있다.

우리가 다른 사람에 대해 좋은 점만을 말해야 하는 이유가 바로 여기에 있다. 예수께서는 문제가 발생해 어렵게 될 때, 우리가 어떻게 대응해야 할 것인지에 대해 가르쳐 주셨다. 그러한 과정의 실천은 우리에게 혀를 다스리는 것으로부터 발견하는 새로운 기쁨을 만끽하게 할 것이다. 그것은 우리가 관계 회복을 이루고 위기 상황을 극복하는데 커다란 도움이 된다. 당신에게 다른 사람에 대한 부정적인 정보를 계속 확대시키고 싶은 유혹이 찾아올 때는 마태복음 18:15-17절에 기록되어 있는 다섯 가지 단계를 실천하므로 하나님을 기쁘시게 할 수 있다.

단계 1. 가족애를 인식하라(마 18:15)

한번은 온 집안 식구가 모인 자리에서 어린 조카딸이 불쑥 "아빠, 정말 가족애가 넘치는 것 같아요."라고 말하는 것이었다. 그녀는 가족 간의 돈독한 유대 관계를 의식하고 있었던 것이다. 이 원리는 그리스도 안에서 특별한 하나 됨의 공동체를 이루고 있는 기독교들 사이의 "가족애"에 있어서도 마찬가지이다. 그리스도 안에서 하나가 된 우리는 함께 더불어 살고, 서로 보호하며 후원하고 도와주는 삶을 살아야 한다. 따라서 그리스도인 형제나 자매가 잘못을 저지를 때 우리는 그들을 사랑과 관용으로 대해야 한다. 그리스도 안에서 하나 된 우리는 피차 사랑을 도모해야 한다. 그것이 바로 가족애를 실천하는 것이다.

이러한 관점에서 예수 그리스도께서 하신 "네 형제가 죄를 범하거든. . ."이란 말은 우리에게 매우 깊은 의미를 시사하고 있다. 성도들 중에는 혈육으로 맺은 가족에게는 매우 너그러우면서도 그리스도 안에서 가족이 된 자들에게는 전혀 무관심한 자들이 있다. 기독교의 한 가지 독특한 특징은 우리가 그리스도 안에서 하나 된 형제자매들 가운데 상처받은 자들을 치유하고, 도와주며 사랑해야 하는 것이다. 우리가 이러한 가족애의 의무를 감당하려 하지 않을 때, 우리는 말을 통해 서로에게 상처를 입히게 된다.

우리는 실제 아무런 잘못이 없는 사람에게 지나칠 정도로 가혹하게 대하는 경우가 있다. 그리스도인 형제(혹은 자매)가 정말 죄를 범했는지의 여부가 분명치 않을 때는 먼저 자신에게 다음과 같은 몇 가지의 질문을 해야 한다. 자신이 지나치게 과민한 반응을 보이고 있는 것은 아닌가? 내가 알고 있는 것이 확실한 사실인가? 이것이 내가 직접 들은 것인가, 아니면 소문을 통해 들은 것인가? 범죄 행위가 실제 성경의 교훈에 위배되는 것인가, 아니면 단순히 나의 개인적인 견해나 선입견에 반하는 것인가? 내가 부정적인 반응을 보이는 것이 과거 그와의 사이에 있었던 나쁜 감정 때문은 아닌가? 등의 말이다.

이러한 질문들에 대해 분명한 답변을 가질 때, 우리는 마음을 열고 상황을 정확히 이해할 수가 있다. 우리는 사람들에 대해 쉽게 단정을 내리고는 그에게 해명하거나 소명할 기회를 주지 않는 경우가 매우 많다. 그러므로 다음 단계로 넘어가기 전에는 어떠한 결정적인 결론도 내려서는 안 된다.

단계 3. 그에게 하나님의 사랑을 보이라(마 18:15)

본 단계에서는 더 이상 논쟁을 중단하려 하는 신실한 믿음의 형제자매들이 실천해야 할 중요한 세 가지의 적용 원리가 있다.

첫 번째, 자신이 솔선수범하는 태도를 보여라. 그리스도인들 사이에는 무관심 내지 무감각으로 인해 끊이지 않고 문제가 야기되는 경우가 많다. 그러나 우리는 자신의 죄로 인해 하나님과의 관계가 약화될 때도 하나님께서 항상 먼저 우리에게 접근해 오신다는 사실을 기억할 필요가 있다(창 3장; 요 15장). 마찬가지로 우리는 다른 사람이 입으로 죄를 범한 사실을 알았을 때도, 그(혹은 그녀)와의 관계 회복을 위해 먼저 접근을 시도해야 한다. 이때 우리는 이러한 접근을 시도하기 전에 하나님께 적당한 기회와 그분께서 정하신 때를 분별할 수 있는 능력을 구하는 기도를 해야 한다. 갈라디아서 6:1절은 우리에게 하나님과의 사이에 영적인 (교제와 조화)를 꾀하고, (마음 가운데 악한 생각이나 원한 혹은 적개심이 없는) 온유한 마음을 가지며 항상 자신을 살펴야 할 것을 교훈하고 있다. 우리는 또 다른 사람을 돕는 과정에서 자신까지 죄에 빠지는 일이 없도록 조심해야 한다.

두 번째, 본인에게 그(혹은 그녀)의 잘못에 대해 설명해 주라. 이것은 사랑 안에서 매우 조심스럽게 행해져야 한다. 무엇보다도 우리는 상대에 대해 비판적이거나 "영적인 우월감"을 느끼게 하는 인상을 주어서는 안 되며, 그러기 위해서는 시종 사랑이 실린 말과 태도를 잃지 말아야 한다. 그리고 우리가 사실을 정확히 이해하고, 상대의 견해와 자세(자기 방어적이거나 반감을 갖고 있는지, 또는 뉘우치고 있거나 거만한 태도를 지니고 있는지 등...)를 파악하기 위해서는 마음을 열고 신중하게 듣는 노력이 필요하다.

세 번째, 문제 해결을 위해 두 당사자만이 노력하라. 당신에게 다른 사람과의 사이에 문제가 생길 때는 먼저 당사자에게 찾아가라. 그렇지 않을 경우 너무 일찍 다른 사람을 문제에 끌어들이는 어리석은 행동을 할 수가 있다. 상대에게 당신이 문제에 대해 누구와도 이야기한 적이 없다는 사실을 확신시키므로 신뢰 관계를 구축할 때, 그것은 진실을 알아내는 데 있어 매우 유리하게 작용할 것이다. 믿음의 형제(혹은 자매)가 당신의 이러한 시도를 받아들일 때, 그(혹은 그녀)는 하나님 안에서 다른 형제 자매들과의 관계가 회복될 것이다. 이때 당신은 "동이 서에서 먼것"(시 103:12)처럼 그와의 문제를 기억에서 완전히 잊어야 한다. 그와 반대로 상대가 문제 해결을 위해 노력하지 않으며 자신의 범죄 행위에 대해 시종 일관 변명으로 나올 때는, 그리스도께서 명령하신 다음 단계를 취해야 한다.

단계 4. 한 두 사람과 함께 하나님의 사랑을 보이라(마 18:16)

기도 결과 문제에 대한 당신의 생각이 분명히 옳다고 확신이 됨에도 불구하고 잘못을 범한 자와의 1대1 대화가 문제 해결에 도움이 되지 않는다고 판단될 때는 함께 갈 한 두 사람을 조심스럽게 택해 그에게 찾아가도록 하라. 이때 편견이 없으며 가해자로부터 인정을 받고, 어떻게든 사랑으로 회복시키고자 하는 당신의 목표를 공유하고 있는 유자격한 사람을 택해야 한다. 만약에 함께 동행하는 사람이 가해자와 동일한 문제를 겪은 경험이 있어 자신의 그러한 경험담을 통해 그(혹은 그녀)에게서 잠재적인 승리를 이끌어 낼 수 있다면 매우 유익할 것이다.

이 단계의 목적은 중립적인 증인들이 입회한 가운데 가해자를 회복시키고, 사태의 진상을 밝히는 데 있다. 만약에 이때 잘못을 범한 자가 믿음의 형제들의 사랑 어린 권고를 계속 거부할 때는, 문제를 교회에 회부해야 한다.

단계 5. 교회를 통해 하나님의 사랑을 보이라 (마 18:17)

가해자가 중대한 문제에 대해 반성하는 기색을 보이지 않을 때는, 교회의 지도자(담임 목회자나 또는 당회)를 찾아가 그들과 함께 당신이 지금까지 회복을 위해 노력해온 죄 문제에 대해 사랑 안에서 논의해야 한다. 이때 당신과 함께 가해자를 만났던 증인들을 대동하라. 교회의 지도부는 문제에 대해 신중히 듣고 결정을 내려야 한다. 그들이 가해자의 잘못을 결의했음에도 불구하고 그가 회복을 위한 이러한 노력을 수용하지 않을 때는, 그를 교회의 회중에서 출교시켜야 한다.

우리는 모든 대화에 있어 다른 사람에 대한 장점만을 이야기해야 한다. 종종 나쁜 이야기를 들을 때는 그것을 가능한 한 가장 신속하고도 적절하게 처리해야 한다. 그리고 부정적인 정보를 더 이상 유포시키지 말고, 그것을 문제 해결과 당사자와의 회복을 위해 노력하는 극히 소수의 사람들에게만 국한시켜야 한다. 긍정적인 대화는 상대에게 고마움과 기쁨을 주고, 그리스도 안에서의 성장을 고무시킨다.

나는 지금까지 이러한 원리로부터의 예외적인 경우를 경험해본 적이 없다. 하나님의 말씀은 남녀 부부를 한 몸이라고 말하고 있다. 우리는 배우자에게 좋지 않은 이야기로 부담을 주는 것을 원하지 않지만, 그(혹은 그녀)로부터의 조언과 기도는 매우 값진 것이 될 것이다. 그러나 남편과 아내는 서로가 비밀을 유지하고 성령의 다스림을 받는 말을 해야 하는 의무를 감당해야 한다.

종종 우리에게는 특별한 통찰력과 조언이 요구되고, 신앙 안에서 다른 사람으로부터의 조언이 필요할 때가 있다. 성경은 우리에게 조언하는 자가 많으면 지혜를 얻게 된다는 것을 주지시키고 있다(잠 11:14). 그러나 이 때에도 우리는 상황이나 관련 당사자와 전혀 이해 관계가 없는 중립적인 위치의 조언자를 찾아야 한다. 그리고 관련 당사자의 이름을 익명으로 하므로 그의 명예를 보호해 주는 것 역시 반드시 필요하다.

신약 시대의 교회 지도자들은 믿는 자들의 무리에게 피해를 입히는 거짓 교사와 개인을 그들의 신분이 드러나지 않는 범위 내에서 경고하였다. 오늘날도 그와 유사와 상황이 종종 나타나고 있다. 그러나 다른 사람을 꾸짖을 때는, 성경이 우리에게 지시하는 방법에 따라 해야 한다. 다시 말해, 죄를 낱낱이 드러내지 말고, 눈물로 호소해야 한다(딤전 1:18-20; 빌 3:18- 19).

우리가 해야 할 세 번째의 결단은 사태를 악화시키지 않으며서 부정적인 정보에 반응하는 것이다. 지금까지 우리는 동료 그리스도인에 관해 좋지 않은 것을 알고 있거나 들을 때 어떻게 해야 할 것인지에 대해 살펴보았다. 그러나 우리가 일상적인 대화 속에서 접하는 말로 범하는 죄에 대해 적당히 대처하는 법을 배우는 것은 자신의 지속적인 성장을 위해 반드시 필요하다. 그러면 우리는 자신이 정한 기준에 미치지 못하는 말을 하는 자들에 대해 어떻게 대해야 할까?

잠언 15:28절은 "의인의 마음은 대답할 말을 깊이 생각하여도 악인의 입은 악을 쏟느니라."고 기록하고 있다. 지금까지 살펴본 결단들을 돌이켜 볼 때, 합당치 않은 말에 대해 지혜롭게 반응하는 방법으로 일곱 가지를 추론할 수 있다.

방법 1. 지금 하고 있는 말에 대해

긍정하거나 추가적인 진술을 권하지 말라(살전 5:15, 22; 딤전 5:22). 격려는 말과 행동이라는 두 가지의 방법을 통해 전달될 수 있다. 말하고 있는 것에 대해 우리는 입으로 시인하지 않더라도, 고개를 끄덕이므로 자기가 그것을 듣고 있다는 사실을 확인시킬 수 있다. 그런데 이때 고개를 끄덕이는 것이 자칫 공감하는 것으로 해석되거나 그 죄를 계속 허용하는 것

으로 비춰질 수가 있다. 비록 그 사람의 말이 사실일지라도, 우리는 성
경의 원리를 위반한 그의 행동을 묵인하는 듯한 인상을 주어서는 안 된
다. 우리는 대화가 진행되는 동안에 그것의 방향을 바꿀 수 있는 기회가
자연스럽게 주어지기 전에는 말에 의한 것이든 아니면 행동을 통해서든
일체 반응을 보이지 않고 조용히 들어야 한다.

방법 2. 지혜를 구하라(약 1:5-7)

이야기를 듣는 동안 지혜를 구하는 간단한 기도를 드려라. 이때 당신
은 하나님께서 당신을 도우시는 방법에 매우 놀라게 될 것이다.

방법 3. 당신이 지금까지 실천을 결단한 관점 안에서 반응하라

진실을 말하되 사랑 안에서 하라. 문제에 대해 하나님의 견해에서 초
점을 벗어나지 않도록 하라. 그리고 하나님께서 화자는 물론 대화 상대
자의 명예에도 관심을 갖고 계시다는 사실을 잊어서는 안 된다. 당신이
하나님의 관점에서 사랑으로 문제 해결을 하기 위해서는 인내심을 갖고
상황을 판단하며, 화내는 것을 억제해야 한다. 정보를 전하는 자에게 그
가 말하는 사람의 부족한 부분에 대해 도울 수 있는 방법을 찾아볼 것
을 권하라. 그리고 다른 사람에 대해 긍정적인 이야기만을 하기로 다짐
한 자신을 결단을 절대 잊지 않도록 하라.

당신의 모든 말 속에는 사랑이 실려 있어야 한다는 사실을 잊지 마라. 비판적이거나 무례한 태도는 상대의 마음을 더욱 멀리 떠나게 할 뿐 아니라, 그(혹은 그녀)에게 성령의 다스림을 받는 말을 하도록 이끌지 못한다.

이것을 위해 가장 적절한 시점은 그가 다른 사람에 대한 부정적인 정보를 유포시키기 전이다. 누군가가 당신에게 듣기에 좋은 화제 거리를 말할 때는 적극적인 관심을 가지고 듣는 것이 좋다. 그러나 좋지 않은 말에 대해서는, "더 이상 말하지 마세요. 내가 지금 갖고 있는 부정적인 생각만도 어떻게 할 수가 없을 지경이예요."라고 말하므로 그것을 차단하는 것이 좋다.

많은 사교적인 모임에서 화자가 사람들의 시선을 끌기 위해 한참 이야기를 하다가 "여러분이 알다시피, 이런 말은 실제는 제가 해서는 안 되는 말이지요."라고 하면서 화제를 돌리려 하는 경우가 있다. 그러면 듣는 사람들은 모두가 다음과 같은 반응을 보인다. "아니, 계속하세요. 여기서 중단하면 어떻게 합니까? 나가서 말하지 않을 테니까요." 이때 누군가가 "잘 하셨어요. 말하지 마세요. 자제력이 정말 뛰어나시네요."라고 말한다면 그는 속히 후련할 것이다. 부정적인 이야기는 그것이 확산되기 전에 할 수 있는 모든 방법을 동원해서 막아야 한다.

누군가에 대해 비난하는 말을 들을 수밖에 없을 때는 그 사람의 치유와 회개, 성장, 화해, 지혜 그리고 그 밖의 모든 필요한 것들을 위해 기도하라. 당신이 기도할 때, 하나님께서는 당신에게 어떻게 해야 할 것인지의 방법을 가르쳐 주실 것이다.

당신이 혀를 절제하지 못하는 데서 비롯되는 당혹감을 피할 수 있는 최선의 방법은 자신의 혀를 다스리고, 사람들에게 그러한 결단을 말하는 것이다. 그러한 결단에 대해 가족과 친구 그리고 교인들에게 적절한 방법을 통해 말하고, 그들에게 끊임없는 독려와 기도를 부탁하라. 사람들은 자신의 혀를 다스리기 원하는 당신의 강한 의지를 이해할 때, 당신에게 좋지 않은 이야기를 말하지 않기 위해 조심할 것이다.

자신의 내적인 성숙을 도모하고, 대화를 긍정적인 이야기로 제한하며, 부정적인 정보에 대해 건설적인 태도를 취하는 것은 우리의 성장을 강화시키는 촉진제가 될 뿐 아니라, 사람들에게 혀를 다스리므로 누리게 되는 긍정적인 효과를 깨닫게 할 것이다.

합당한 말은 그것을 듣는 모든 사람에게 아로새긴 은쟁반의 금사과요, 생명나무와 같다(잠 25:11; 15:4). 이러한 말이 바로 하나님께서 기뻐하시는 말이다.